法律 3.0

规则、规制和技术

Law 3.0: Rules, Regulation, and Technology

〔英〕罗杰·布朗斯沃德（Roger Brownsword） 著

毛海栋 译

北京大学出版社
PEKING UNIVERSITY PRESS

著作权合同登记号　图字：01-2022-4214

图书在版编目(CIP)数据

法律 3.0：规则、规制和技术/(英)罗杰·布朗斯沃德(Roger Brownsword)著；毛海栋译. —北京：北京大学出版社，2023.3
ISBN 978-7-301-33848-3

Ⅰ.①法… Ⅱ.①罗…②毛… Ⅲ.①法律-研究 Ⅳ.①D90

中国国家版本馆 CIP 数据核字(2023)第 051565 号

All Rights Reserved.
© 2021 Roger Brownsword
Law 3.0：Rules，Regulation，and Technology by Roger Brownsword.
Authorised translation from the English language edition published by CRC Press，a member of the Taylor & Francis Group.
Copies of this book sold without a Taylor & Francis sticker on the cover are unauthorized and illegal.

书　　　名	法律 3.0：规则、规制和技术 FALÜ 3.0：GUIZE，GUIZHI HE JISHU
著作责任者	〔英〕罗杰·布朗斯沃德（Roger Brownsword）　著 毛海栋　译
责 任 编 辑	刘秀芹
标 准 书 号	ISBN 978-7-301-33848-3
出 版 发 行	北京大学出版社
地　　　址	北京市海淀区成府路 205 号　100871
网　　　址	http://www.pup.cn　新浪微博：@北京大学出版社
电 子 信 箱	sdyy_2005@126.com
电　　　话	邮购部 010-62752015　发行部 010-62750672 编辑部 021-62071998
印 刷 者	北京中科印刷有限公司
经 销 者	新华书店
	965 毫米×1300 毫米　16 开本　13 印张　164 千字 2023 年 3 月第 1 版　2023 年 3 月第 1 次印刷
定　　　价	52.00 元

未经许可，不得以任何方式复制或抄袭本书之部分或全部内容。
版权所有，侵权必究
举报电话：010-62752024　电子信箱：fd@pup.pku.edu.cn
图书如有印装质量问题，请与出版部联系，电话：010-62756370

认真对待法律与技术（代译序）

摆在读者面前的这本小书是由英国著名法律学者罗杰·布朗斯沃德（Roger Brownsword）教授为法律人以及更广泛的一般读者所撰写的一本探讨法律与技术关系的通识读物。本书首次提出了"法律3.0"的概念，即技术措施被用作规制问题的解决方案，并认为其发挥着支持、补充或替代法律规则的作用，从而与传统的法律规则、思维模式乃至法治理念均处于并存、协作或冲突的复杂关系。

毋庸置疑，随着大数据和人工智能时代的到来，智能监控、人脸识别、用户画像分析、"码治理"等各类算法和"数治"技术越来越多地被私人机构和公共部门运用，对社会治理和个人生活产生了重大而深远的影响。然而，正如贾萨诺夫（Sheila Jasanoff）所言，尽管技术在治理社会的力量上堪与宪法和法律相匹敌，却没有一套系统的思想体系来阐明运用技术来统治我们的那些原则。① 正是出于这样的问题意识，本书认为在我们当前已经进入的规则、规制和技术三种思维模式和对话并存的法律

---

① Sheila Jasanoff, *The Ethics of Invention*, New York, W. W. Norton, 2016, pp. 9-10. 转引自本书第79页。

3.0时代，必须重新构想法律及其所在的规制环境，对技术措施的运用施加特定限制，才能处理好技术治理与法治之间的关系，从而保障我们的自由、自主、能动性和尊严。

这本书通过一系列真实或虚构的小故事深入浅出地阐明了技术治理和法律规则对人们的行为和动机所造成的不同影响，同时又从技术、伦理和法律等维度对当前的人工智能时代和算法社会进行了充满睿智与洞见的剖析，为深刻理解我们所处的时代、社会及其背后的代码提供了不一样的视角，值得每一个生活在技术治理时代的人深思。

关于本书作者

在进一步讨论这本书之前，首先让我来介绍一下作者罗杰·布朗斯沃德教授——按照和他在邮件中的称呼习惯，我将直接称他为罗杰。

罗杰生于1946年，从事法学教育和研究逾50载，是一位资深的学术法律人[①]。他目前是英国伦敦国王学院和伯恩茅斯大学的法学教授以及谢菲尔德大学的名誉教授，同时还兼任香港城市大学客座教授。在半个多世纪的学术生涯中，罗杰在法学理论、合同法、法律与生命伦理、法律、规制和技术等领域出版了20多本书并发表了250多篇学术论文。此外，他还广泛参与到法律与新兴技术领域的顾问和实践活动中，曾担任英国纳菲尔德生命

---

① 学术法律人（academic lawyer）是作者在伦敦国王学院的主页上对自己的评价，参见作者主页：https://www.kcl.ac.uk/people/roger-brownsword。本文对本书作者的介绍也主要来自该主页。

伦理委员会（Nuffield Council on Bioethics）委员和英国生物样本库（UK Biobank）伦理与治理委员会主席，目前担任英国医学科学院和英国皇家学会的多个工作组成员、英国国家筛查委员会委员以及英国议会干细胞与杂交胚胎委员会的特别顾问。

罗杰是法律、规制和技术这一研究领域的重要开拓者和权威学者。他于2007年在伦敦国王学院创立了"技术、伦理、法律与社会研究中心"，后于2009年创办了《法律、创新与技术》杂志[1]并担任总编辑至今。此外，罗杰还领衔主编了法律、规制和技术领域权威的《牛津法律、规制和技术手册》[2]（下称"《牛津手册》"）。该书已被译为中文并在2021年由中国社会科学出版社出版。[3]

本书的特色与价值

相较于《牛津手册》这样1200多页的大部头，这本约200页的《法律3.0：规则、规制和技术》（下称"《法律3.0》"）实在是一本小书。事实上，《法律3.0》可以说是作者在2019年出版

---

[1] 《法律、创新与技术》（*Law, Innovation and Technology*）杂志为一份同行评议的国际学术刊物，由泰勒-弗朗西斯出版集团（Taylor & Francis Group）出版，该杂志的网址为：https://www.tandfonline.com/journals/rlit20。

[2] Roger Brownsword, Eloise Scotford and Karen Yeung (eds), *The Oxford Handbook of Law, Regulation and Technology*, Oxford, Oxford University Press, 2017.

[3] 中译本为：〔英〕罗杰·布朗斯沃德、〔英〕埃洛伊斯·斯科特福德、〔英〕凯伦·杨主编：《牛津法律、规制和技术手册》，周辉等译，中国社会科学出版社2021年版。

的《法律、技术与社会：重新构想规制环境》^① 一书的简明版，但亦提出了不少新洞见，"法律 3.0"的概念便是在本书中首次提出来的。

在对这本书进行翻译和研究式阅读的过程中，我体会到本书其实是作者半个多世纪以来学术思想的浓缩，充满了他在新兴技术规制、道德哲学和法学理论的交叉领域的长期思索和研究心得。具体来说，本书具有以下特色和价值。

其一，以技术的视角观察法律和规制。

在传统的规制理论和法学研究中，技术往往只是法律规制的对象。本书则通过将技术问题摆在法律思考的突出位置，把技术作为补充甚至替代法律规则的规制工具。技术从规制对象到规制工具的转变背后，是观察视角的转换和拓展。技术，或者更准确地说，技术对法律和规制的影响，成为观察和分析问题的独特视角。这是作者长期研究各类新兴技术的规制问题，目光不断在法律、规制和技术之间往返流转而得出的启示。

事实上，法律 3.0 概念的提出便是以技术视角观察法律的结果。法律 3.0 的出现伴随着技术对法律的两次颠覆。第一次颠覆是新技术引起了人们对现有法律规则（法律 1.0）的适当性的怀疑，并导致了规制工具主义思路（法律 2.0）的产生；第二次颠覆则是大量可用于规制目的的新技术工具的出现导致了对传统的依赖规则实现规制目的的法律思维模式的颠覆，从而产生了法律 3.0，也就是将架构、设计、编码、人工智能等技术手段作为规

---

① Roger Brownsword, *Law, Technology and Society: Re-Imagining the Regulatory Environment*, Abingdon, Routledge, 2019.

制工具，以更有效地实现规制目的。

尽管法律3.0的基本思路——利用技术措施来实现规制目的——非常古老，但作者认为我们最近才进入法律3.0的时代，这是因为当前所能利用的技术工具在密度、复杂度和多样性的数量和质量上均大大超越了以往，而监管者在持续地关注着这些技术工具的潜在监管用途。[①] 近年来兴起的智能城市、智慧警务、智慧法院、数治社会、司法大数据等理念和实践都体现了法律3.0的思路。

一旦承认和肯定了技术作为规制工具的可能性和重要性，就必须意识到不同的法律思维和对话——法律1.0、2.0和3.0——处于并存和互动状态，因而需要重新构想法律，将法律置于更宽广的规制环境中进行考察。规制环境中不仅包括法律、道德等规范性工具，也包括作为非规范性工具的各种技术措施，如对产品的设计、对场所的设计以及对人的设计等。通过对比规范性工具和非规范性工具的特点，可以发现：法律作用于具有可能性的行为，而技术措施则作用于可能性的范围，即界定了何为可能与不可能之事；法律往往采取事后救济，而技术管理则通过事前限制行为的可能性而"完美地"解决了问题。

通过技术的独特视角，基于对法律与技术这两种显著不同的规制手段的对比，作者进一步对法律3.0进行了伦理上的追问和法治的检验。

其二，以伦理关切追问技术和法律。

作者对伦理问题的关切贯穿于他的整个学术生涯。早在20

---

① 参见本书第4页。

世纪 80 年代，作者就与德里克·巴里维尔德（Deryck Beyleveld）教授一道将艾伦·格沃斯（Alan Gewirth）[①]的道德理性主义哲学引入法学领域，发展出一种独特的道德驱动的法律研究取向。该研究的基础性工作始于二人合著的《作为道德判断的法律》[②]，后在《生命伦理与生命法中的人性尊严》[③]、《法律中的同意》[④] 等著述中进一步发展。《法律 3.0》延续了这一研究取向，对技术和法律均进行了伦理上的关切与追问。

本书的主要伦理关切是，随着越来越多的技术措施被用作规制手段，在增强规制实效和提高规制效率的同时，是否造成了道德价值的减损？作者通过规制环境的三种信号机制进行了分析。作者认为，规制环境的重要作用是发出信号以引导人的行为。这些信号可分为三种：道德性信号、审慎性信号以及可能性或可行性信号。根据这三种信号，行为人做出某一行为的理由分别是：（1）该行为是正当的；（2）该行为有利于自身利益；以及（3）根本没有不如此行为的可能性或实际可行性。其中，前两种信号均属于规范性信号，行为人基于内心的道德性或审慎性考虑而作出应为或不应为的判断；第三种信号则属于非规范性信号，行为人

[①] 艾伦·格沃斯（Alan Gewirth，1912-2004）系美国著名道德哲学家、芝加哥大学教授，曾任北美哲学学会主席。格沃斯著有《理性与道德》（*Reason and Morality*）、《权利的共同体》（*The Community of Rights*）和《自我实现》（*Self-Fulfillment*）等著作。格沃斯的哲学被认为是康德道德哲学的当代发展。

[②] Deryck Beyleveld and Roger Brownsword, *Law as a Moral Judgment*, London, Sweet & Maxwell, 1986.

[③] Deryck Beyleveld and Roger Brownsword, *Human Dignity in Bioethics and Biolaw*, Oxford, Oxford University Press, 2001.

[④] Deryck Beyleveld and Roger Brownsword, *Consent in the Law*, Oxford, Hart Publishing, 2007.

不再能够基于自己的判断而行动。作者通过一系列实例表明，随着技术措施的运用和技术作用的增强，道德性信号和审慎性信号逐渐被可能性或可行性信号所代替，而一个完全由技术进行管理的规制环境只有可能性或可行性的信号在发挥作用，已经转变为非规范性的规制环境。随着道德性信号的减弱，人们的自主性和自我感也在丧失，所减损的不仅仅是道德价值，还有承担义务和责任的意愿和能动性，乃至守法的效果。正如大卫·史密斯（David J. Smith）所言，如果人们被剥夺了任何自主性，那么他们就会认为道德责任完全是体制的问题，他们自己不再承担任何责任。[1]

其三，以法治的标尺衡量规制和技术。

作者先是以技术的视角观察法律，拓宽了对法律所在的规制环境的理解，进而对于技术措施所构建的非规范性秩序所引发的道德价值的减损和自主性的丧失表达了伦理忧思。那么应该如何回应上述难题呢？作为资深的法律人和法治的坚定信仰者，作者认为，尽管技术措施所构建的非规范性秩序显著不同于法律的规范性秩序，仍应将前者纳入法治约束之下。当然，考虑到技术治理的特点以及对规制环境的更广泛的理解，应该对法治的理念进行重塑和扩展。

作者将法治理解为同时反对专断的治理和不负责任的公民权（citizenship）。就前者而言，通过技术管理的方式来行使权力必

---

[1] David J. Smith, 'Changing Situations and Changing People', in Andrew von Hirsch et al. (eds), *Ethical and Social Perspectives on Situational Crime Prevention*, Oxford, Hart Publishing, 2000, p.170. Quoted from Roger Brownsword, 'Lost in Translation: Legality, Regulatory Margins, and Technological Management', 26 *Berkeley Technology Law Journal* 1321, 1356 (2011).

须得到授权并受到适当限制；就后者而言，公民应尊重技术管理对其所施加的限制。对法治的扩展性阐释则包括：（1）法治不仅适用于法律的规则之治，也适用于技术的代码之治；（2）法治不仅适用于公共部门的规制，也应该适用于私营部门运用技术管理手段对人们行为的规制；（3）法治不仅包括规则公开、平等适用于所有人、不溯及既往、内容具体明确等程序性要求，还包括实质性条件，即技术必须满足三重许可的要求，才能被用于监管目的。

需要注意的是，三重许可是作者基于监管政策的合法性基础，通过三个层次的监管责任而构建出来的概念，其要求新技术无论是作为监管对象还是监管工具均必须满足三重许可才能被使用。这三重许可分别是公共品的许可（须满足人类社会存在的先决条件）、特定共同体的许可（须符合特定共同体的独特价值观）以及社会的许可（须寻求社会中不同利益之间的平衡）。其中，最为基础和根本的是，技术须尊重人类社会存在的先决条件，这些条件既包括人类的生物性生存的基本条件，也包括人类能动性和自我发展的一般条件，还包括道德发展和实践的必要条件。这要求监管者应作为人类社会共同体的管护人承担起相应的管护责任，确保对技术措施的使用不会损害人类能动性和道德发展的条件。

以上三点既是本书的特色，也是其重要价值所在。除此之外，本书还引发我们进一步思考一系列法律、伦理和技术问题。例如：

- 随着技术手段被越来越多地用于规制目的，规制环境和社会秩序的性质也越来越向非规范性转变，法律在社会秩序中所扮演的角色是否会越来越萎缩？直至消亡？[1]

- 通过与技术治理的比较，可以发现法律是规范性的事业，关乎人类的能动性——独立行动和作出自由选择的能力[2]，我们是否应该以及在多大程度上应该抵拒和限制技术治理和算法自动化决策对社会秩序的塑造，从而捍卫人类的能动性、自主性和自我决定的自由？如何在技术治理所带来的收益与其对道德价值的可能减损之间作出权衡？

- 借鉴本书中的三层监管责任理论，监管者作为人类社会共同体、民族国家共同体以及道德共同体的管护人，是否可以将三重许可应用于技术以外的所有监管活动，对法律规则的制定和实施也进行多维度的考量与评估？例如，将规制对人类能动性和道德发展的影响纳入规制影响评估，而不仅仅作简单的成本收益分析。

- 进而需要检视的是，法律规则本身是否也具有越来越技术化的倾向？法律是否堪当充分促进人类能动性的重任？以及我们应该如何应对？

上述问题，有的可在本书中找到答案，有的则可从本书的讨论中找到重要线索。循着这些线索进一步阅读和思考，将导引我们通往更宽广的学术视野和对社会秩序更深刻的认识。

---

[1] William Lucy, 'The Death of Law, Another Obituary' 81 *Cambridge Law Review* 109 (2022).

[2] Andrew Murray, *Almost Human: Law and Human Agency in the Time of Artificial Intelligence*, T. M. C. Asser Press, 2021.

翻译中的斟酌与妥协

哲学家伽达默尔（Hans-Georg Gadamer）认为，翻译自始至终都是阐释的过程，是对文本的再创造。翻译者的痛苦在于，译文与原文之间的距离是无法彻底消除的，因而只能在反复斟酌和磋商中寻求两种语言视域之间的妥协。为了尽量弥合译文与原著之间的距离，我在正文的脚注中对个别术语的翻译进行了交代。这里对贯穿全书的几个重要概念予以说明。

1. 关于 regulation 的翻译。本书对 regulation 及其动词形式 regulate 一般采"规制"或"监管"两种译法。二者并无实质区别，故在书中不加严格区分。唯"规制"一词更偏向书面语，涉及理论探讨时更多采"规制"，涉及实务问题时更多采"监管"。"监管者""监管机构"的表述更为通俗，故采用；但书中的 regulatory environment 具有特殊含义，故译为"规制环境"，而不使用中文中更为通俗的"监管环境"一词。此外，还需注意的是，作者对"监管者"和"监管机构"的使用是广义的，指的是在规制环境中向被监管者发出规制信号的主体，根据具体语境，既可能包括行政机关和立法者，也可能包括私营部门中发出规制信号的主体。

2. 关于 commons 的翻译。这一概念与埃莉诺·奥斯特罗姆（Elinor Ostrom）的相关研究密切相关，在中文中有多种译法，如"公地""公共事物""公共物品""公共品""公共资源"，甚至"公共"等。然而，本书对该词的使用与奥斯特罗姆所使用的含义并不完全相同。实际上，本书中对该词作出了界定和阐释，即人类的社会存在的先决条件（preconditions for human social existence），具体包括三方面内容：人类生物性生存的基本条件、人类能动性和自我发展的一般性条件、道德能动性发展和实践的必要条件。从本书对 commons 的阐释来看，现有的几种译法都不甚令人满意，但我最终采用了"公共品"的译法。该译法的一个优势是没有强调"物"，保留了其可能是社会的、政治的、法律的和道德的基础设施的含义。

3. 关于 technocracy 的翻译。英文 technocracy 的中文译法包括"技术统治""专家治国""技术治理""技治主义"等。这些中文词汇的含义不尽相同，甚至差别很大。这本身就是一个非常值得研究的现象，但这里无法详述。本书将其译为"技术主义"，理由是这一表述更加符合书中对该词的解释：对于规制问题，寻求技术上的解决方案。

4. 关于 stewardship 的翻译。英文 stewardship 的通常中译是"管理"或"管理工作"，但这一表述无法将其与一般意义上的"管理"（management）相区分。事实上，罗杰在其他论述中多次表明，监管者应该作为道德共同体的管家/管护人（steward）来维护让道德共同体得以可能以及具有道德意义的那些前提条件。本书遂将 stewardship 翻译为"管护"或"管护工作"，兼有"管理""管家""保护""维护"之意。

5. 关于 legitimacy 和 legality 的翻译。英文 legitimacy 通常翻译为"合法性"，但也有学者认为应将其翻译为"正当性"，以区分 legitimacy（正当性）与 legality（合法性），并认为将 legitimacy 翻译为"合法性"将丧失其原有的超越的道德维度，而具有为一些威权政治辩护的嫌疑。[①]我并不否认这一区分在特定语境下的意义，但仍认为在大多数情况下，"合法性"一词已经暗含了"正当性"的含义，且本书并未强调二者的对立，故仍然沿袭了将 legitimacy 译为"合法性"的做法。此外，我将 legitimate 译为"正当合法的"，而将 legality 译为"合法律性"，将 lawful 译为"合乎法律的"，以对它们作必要的区分。

6. 关于 disrupt 的翻译。英文 disrupt 及其名词形式 disruption 可以译为"破坏""扰乱""颠覆"等。本书采用了"颠覆"的译法，因为书中涉及技术对法律的两次颠覆，虽未明言，但显然与近年来流行的"颠覆性创新"（disruptive innovation）概念存在密切联系。需要提醒读者两点：首先，就"颠覆"一词的感情色彩而言，随着"颠覆性创新"概念的流行，"颠覆"一词从贬义逐渐变为中性甚至褒义，但本书对"颠覆"的使用并无明显倾向性，只是描述一种客观现象。其二，"颠覆"在中文中较之"扰乱""扰动"等词的程度更重，甚至有"彻底推翻"的含义，然而在本书的具体论述中却未必具有这一含义。我将 disrupt 和 disruption 译为"颠覆"主要为了保持该词在全书的统一和便于读者识别这一概念，而不得不牺牲了不同语境下 disruption 实际上可能具有程度不同的多种含义。

以上诸端，均涉及翻译过程中的艰难权衡。我虽经反复斟酌，力求完善，但错漏与不尽如人意之处仍在所难免，唯望读者不吝指教。我的邮箱是 maohaidong@xmu.edu.cn，也欢迎读者关注我主理的微信公众号"法与政治经济学"，参加与本书相关

[①] 周濂：《现代政治的正当性基础》，生活·读书·新知三联书店 2008 年版，第 7 页。

的讨论和交流。

致谢与感言

最后，我想感谢所有在本书翻译出版过程中提供过帮助的人。北京大学出版社的刘秀芹编辑为本书的编辑和出版付出了大量辛劳，忍受和包容了我的一次次拖延和反复修改。厦门大学法学院宋方青院长对本书出版提供了大力支持。作者罗杰·布朗斯沃德教授通过电子邮件对我在翻译中遇到的若干疑难之处进行了指点。常年与我讨论学术问题的小伙伴陈鹏、朱冬等同事对本书翻译中的一些关键术语提出了非常有价值的建议。感谢你们！

翻译这本书的过程正好与新冠大流行的时间重合。在一个被各种越来越绵密细致的技术所治理的时代阅读和翻译这本书，让我对书中关于人类自主性和能动性价值的论述有了更加切身的体验和认同，也让我更加深刻地认识到法治这一规范性事业对于人类的珍贵意义。

译完这本书的时候，已经到了 2023 年的春天。我望着寓所不远处的一片海，写下了几句感慨：

> 厦门的冬天结束了
> 最近再也不能冬泳了
> 这不是一个能动性的问题
> 也不是勇敢不勇敢的问题
> 而是一个可能性的问题……

陈鹏在我的朋友圈评论道："你这个想法就很'法律3.0'！"是的，不知从何时起，我早已开始用这本书里的规范性与可能性框架来思考问题了。我translate（翻译）《法律3.0》的过程，也是《法律3.0》在translate（转变）我的思想呢！

此时此刻，翻开这本书的朋友，愿你也能在阅读中产生一些思维和视角方面的转变，通过重思法律与技术的关系，拥抱更多的能动性和可能性。

毛海栋

2023年3月14日

于厦门海沧湾

目录
CONTENTS

第1章　导论 // 001

第2章　"书世界"：一个关于颠覆的小故事 // 011

第一部分　技术对法律的颠覆

第3章　法律1.0：简单案件、困难案件和疑难案件 // 017

第4章　法律1.0被颠覆 // 023

第5章　法律2.0与作为难题的技术 // 029

第6章　法律2.0的"线索墙" // 037

第7章　法律2.0被颠覆：技术作为解决方案 // 040

第8章　法律3.0：融贯主义、规制工具主义和技术主义的对话 // 045

第9章　技术测试案例Ⅰ：机器人监护人的责任 // 054

第10章　技术测试案例Ⅱ：智慧商店、代码法与合同法 // 060

第11章　伊斯特布鲁克与"马法" // 068

第二部分　重新构想法律

第 12 章　法律作为规制环境中的一个要素 // 073

第 13 章　绘制规制环境的地图 // 078

第 14 章　规制环境的特性 // 085

第 15 章　法律 3.0 与自由：圣潘克拉斯的钢琴 // 094

第 16 章　法律 3.0：锲子的细端与粗端 // 097

第三部分　与法律 3.0 共存

第 17 章　合法性的基准：监管责任的层次 // 103

第 18 章　不确定性、预防原则与管护工作 // 113

第 19 章　重构法治 // 119

第 20 章　技术与三重许可 // 125

第 21 章　高科技警务与犯罪控制 // 127

第 22 章　融贯主义的复兴？// 136

第 23 章　重新设计制度框架 I：国内层面 // 141

第 24 章　重新设计制度框架 II：国际层面 // 145

第四部分　法律的学习

第 25 章　反思法学教育 // 151

第 26 章　进一步的问题 // 167

第 27 章　结束语：回顾与展望 // 174

参考文献 // 178

进一步的阅读材料 // 183

第1章
导 论

本书将对我所称的"法律3.0"进行介绍。法律3.0是与法律1.0和法律2.0相比较和对照的一类特别的对话和思维模式，同时也是一类广泛的法律兴趣领域的简称。该领域由上述同时存在而又相互作用的三类对话和思维模式共同构成。

为了阐释法律3.0，我们可以回顾一下伦敦盖特威克机场（Gatwick Airport）在2018年圣诞节前所遭遇的混乱事件。当时一架未经批准的无人机被发现位于机场附近。当局所采取的预防性措施是：取消所有航班，并将机场关闭两天。该事件导致成千上万名旅客滞留机场并遭遇种种不便，这成为媒体的头版新闻。显然，要避免以后出现类似的恶性事件，必须采取某些行动。然而，法律应该如何作出回应呢？

飞行员协会的代表告诉电视台记者，他们一段时间以来一直在反映无人机给飞机所带来的现实威胁问题，并认为（根据现行法律规则所确定的）机场周围的禁飞区范围需要扩大。政府适时地作出了回应，宣布警察将被赋予新的权力来处理非法无人机的问题，以及无人机禁飞区将会被扩大到机场附近三英里的范围。在采取这些行动时，政府已经意识到，现有的规则不符合保护飞机、飞行员、乘务人员以及旅客安全的目的，因此需要作出改变。

与此同时，其他人作出了颇为不同的回应。他们没有聚焦于法律规则是否符合目的，而是去关注找到一种技术解决方案的可能性。理想情况下这一技术方案将使得无人机实际上无法在机场附近飞行（或者，如果无法做到这一点的话，他们将寻求一种可以让未经授权的无人机无法正常运转并被安全击落的技术）。换句话说，他们不是依赖规则来管理与航空旅行相关的风险，而是寻求改进无人机和机场的设计以及安全技术的条件。

在上面这两种回应中，既关注规则的修改，也关注技术方案，我们看到了法律 3.0 对话的核心特征。法律规则需要被更新或修改从而符合法律的目的或政策——这些目的和政策可能关乎健康和安全、气候变化、消费者保护，或者犯罪控制，等等。进一步来说，支持这些规则的机构和资源——监督和执行机构——需要被维持和升级，从而让这些规则不仅在纸面上也在实践中符合立法目的。然而，除了利用规则以外，我们也应该寻求可能的技术性解决方案。当我们说"技术性"（technical）或"技术的"（technological）解决方案的时候，它们涵盖了一系列可能补充或代替规则的措施。这些措施可能是关于"架构的"（architectural），通过对建筑和空间的设计来减少犯罪或事故和伤害，或者减少对能源的不必要利用，或者类似的问题。这些措施也可能被融入产品或工作流程的设计当中（仅仅通过流程的自动化，人类就有可能远离各种潜在的危险处境），以及，从理论上来说，技术性方案也可能被融入穿戴用品，甚至人类自身当中。

我们发现，政府在处理那些明显有问题的线上内容（online content）时，可以采取一种类似的双管齐下的方法——符合目的的规则加上技术解决方案。例如，在处理那些可能损害国家安全或鼓励恐怖主义，或威胁和危害政治人物，或专门针对儿童、老人、成瘾者等易受伤害群体的内容时，政府应该采取哪些措施呢？首先，人们意识到法律规则需要符合数字时代的目的（典型的应对措施是，对互联网企业设定新的法定注意义务，要求它们采取合理步骤来确保其用户的安全，并处理它们服务中所涉及的非法和有害的活动）；其次，人们建议探索有效的技术措施，从而让技术本身成为解决方案的一部分。

基于这一思路，想象一下对于驾车者在开车时使用手机这一长期问题的法律 3.0 回应。一方面，规则和处罚需要符合目的，且需要投入足够的资源来监督规则的遵守。另一方面，还有一些技术性的选择。一种是在汽车上安装免提手机设施，但如果驾车者因使用手机（即使是免提手机）而分心，这一方案并不完善。也可能有一些在车内禁用手机的方案，但如果这意味着乘客即使在紧急情况下也无法使用手机，那么这也不是完善的方案。幸运的是，随着自动驾驶汽车进入高级发展阶段，一种技术性方案即将出现：一旦自动驾驶汽车解除了"驾驶员"的安全责任，问题似乎就会消失——惩罚在驾驶时使用手机者的规则将变得多余。人类将仅仅被汽车所运送，而边开车边打电话的问题将不复存在。

当然，法律 3.0 的对话和思维并非凭空产生：在法律 3.0 之前，有所谓的法律 2.0；而在法律 2.0 之前还有法律 1.0。然而，不应该认为法律 3.0 意味着法律 2.0 或法律 1.0 的终结。相反，新的对话随着新技术的出现而出现，但并没有完全取代之前的对话。法律 3.0 作为一种独特的对话，与法律 1.0 和法律 2.0 共存，而法律 3.0 作为一个重新配置的法律兴趣领域（field of legal interest)，则包含了上述三种并存的对话。那么，我们该如何理解法律1.0，以及法律1.0如何演变并引发法律2.0，后者又随着时间的推移演变并引发了法律3.0的呢？

就典型特征而言，法律1.0中的推理形式是将规则、标准和一般原则适用于特定的事实情境。某些规则、标准和原则将具有相当的弹性——任何包含"合理的"（reasonable）一词的法律条款都旨在具有灵活性——这意味着法律1.0确实有能力根据新情况进行调整，并在那些基于具体的案情若适用相关规则将导致显著不公平结果的著名疑难案件中作出例外的决断。事实上，在最近一份旨在澄清加密资产和智能合约的法律地位的声明（就原则上它们是否可以分别被作为"财产"和"合同"来对待提供了指导意见）中，英国司法工作组（UK Jurisdiction Taskforce）与法律科技促进委员会（LawTech Delivery Panel）表示，"英国普通法体系的巨大优势在于其内在的灵活性"，"法官能够在出现新情况时通过类比来适用和调整现有的原则"，并且"多年以来，普通法一次又一次地适应了技术和商业创新，包括许多在今天已经司空见惯，但在当时的新颖性和破坏性绝不亚于我们现在所遇到的创新。"[1]然而，随着社会的工业化程度越来越高，技术的应用越广泛，法律1.0所面临的压力也越来越大，因为它根本不适合应对当今社会所呈现出来的一系列风险。

在法律1.0面临压力的情况下，对现行规则表达不满的一种自然方式就是说这些规则不合目的——具体而言，它们不符合进一步提高社会的技术性能的目的或政策。这时，法律2.0出现

---

[1] LawTech Delivery Panel（UK Jurisdiction Taskforce）（2019）：'Legal Statement on Cryptoassets and Smart Contracts,' para 3, available at https：//technation.io/about-us/lawtechpanel.

了，其推理形式是政策导向和工具性的。法律 2.0 的对话是关于什么样的规则能够有效运作的。法律 2.0 不是要重新利用大量的传统规则、标准和原则，而是要阐明那些直接服务于政府当前所确立目标的新的规则和监管框架。如果将法律规则比作衣服，那么，法律 2.0 将预示着一个全新的衣柜。

在法律 2.0 中，法律的重心从法院和历史上的法典转移到了政治舞台，政府通过行政机关和立法机关进行运作。因此，当需要管理新技术时，例如上文提到的依赖区块链的加密资产和智能合约，某些法律体系的应对措施将是法律 2.0 的对话；但在其他法律体系中，在转向法律 2.0 的对话之前，可能会先开启法律 1.0 模式的对话。正如格弗里·沃斯（Geoffrey Vos）爵士在介绍司法工作组的声明时所说，该方法"从基本法律原则出发，并朝着规制的方向发展……在正确理解你所规制的资产类型的法律地位之前，引入规制是没有意义的。"[1]

从法律 2.0 到法律 3.0 的演变建立在前者的工具主义的基础上。然而，这在很大程度上基于这样一种理解，即新技术现在已经呈现为与规则一起被利用的规制工具。在某种程度上，建筑（architecture）[2] 和设计可以用来保护人身和财产的想法与金字塔和锁一样古老。然而，法律 3.0 中的规制思维的特点是**持续地**（sustained）关注一系列技术工具的潜在用途，这些工具的密度、复杂度和多样性在数量和质量上均将我们当前的状况区别于前工

---

[1] Geoffrey Vos (2019): 'The Launch of the Legal Statement on the Status of Cryptoassets and Smart Contracts,' para 5, available at www.judiciary.uk/announcements/the-chancellor-ofthe-high-court-sir-geoffrey-vos-launches-legal-statement-on-the-status-of-cryptoassetsand-smart-contracts/.

[2] 此处的"architecture"既是通常意义上的"建筑"或"建筑学"，同时也是网络法和赛博空间研究的核心概念——"架构"。——译者注

业化和早期工业化社会。这是否构成了种类或程度上的差异似乎并不重要;重要的是,我们生活在不同的时代,拥有显著不同的规制思维和技术工具类型。

让我们再考虑另一个例子。2019 年 8 月,在新的英超足球赛季开始之际,人们热烈讨论了使用视频助理裁判(video assistant referee,简称"VAR")技术来辅助现场裁判的问题。这场讨论的焦点在于视频助理裁判的使用以及越位和手球规则。大多数评论者认为这些规则确实存在问题(它们不符合目的),但也一致认为视频助理裁判加剧了问题(因为其推翻球场上的判定和已经庆祝过的"进球")。为了准确地适用比赛规则——人们仍在争论 1966 年世界杯决赛中英格兰队的一个进球是否完全越过了球门线——视频助理裁判具有发挥作用的空间,但这是有代价的。因此,马修·赛德(Matthew Syed)在《泰晤士报》的一篇专栏文章中认为:

> 视频助理裁判是一场即将发生的车祸,一个明摆着的错误,一项明显违反游戏规则的技术创新,一个被广泛吹捧的奇迹。现在唯一的问题是:我们什么时候把它丢弃掉?[1]

对此,答案是:如果我们认为相比不准确的裁判决定,无效或延迟的进球庆祝更让我们苦恼,那么我们将会丢弃掉视频助理裁判。

人们常说,法律就像一场游戏;确实,在法律和游戏中,都有规则,并且在一些游戏中还有官员,等等。然而,我们现在看

---

[1] Matthew Syed,'VAR is Football's Passion Killer: It's Time to Bin It' *The Times*, November 6, 2019, 64.

到，除了都是受规则支配的活动以外，法律和游戏还有更多的相似性。如今，我们就看到了法律3.0与足球3.0所具有的相似之处：在法律和足球中，对话都是关于规则的适用性和技术方案的可能性。此外，当智能机器如沃森（Watson）[①] 和阿尔法狗（AlphaGo）[②] 击败了最好的人类游戏玩家时，我们看到了法律3.0的另一个方面，即机器接管以前由人类所执行的各种活动和功能的可能性。尽管如此，法律毕竟不完全等同于游戏。通常，我们认为以下这两种情形是不可同日而语的：前者是判决一个无辜的人犯罪；后者是错误地判断一个球员发生了越位行为，从而拒绝判定他的进球为有效。

在当前的2020年[③]，通行的观念是，训练一个人"像法律人一样思考"就是训练他们进行法律1.0下的推理。当然，法律1.0是事务律师（solicitors）就法律立场为客户提供建议时所做的工作，是出庭律师（barristers）为客户撰写意见时所做的工作，也是普通法法官论证其判决时所采取的思维模式。正如我们在之前提到的，法律1.0也是司法工作组拟定其调查和声明所采取的思路。然而，当法律1.0遇到法律2.0的时候，会出现一些难以处理的问题。例如，关于原则（法律1.0）和政

[①] 沃森是由IBM公司和美国得克萨斯大学联合研发的一台超级电脑，以IBM公司创始人托马斯·沃森（Thomas J. Watson）的名字命名。2011年2月，沃森因在美国最受欢迎的一个智力竞猜电视节目中击败该节目历史上两位最成功的选手而广受关注。——译者注

[②] 阿尔法狗，是AlphaGo的音译，又称"阿尔法围棋"，是由谷歌（Google）旗下DeepMind公司开发的一款人工智能围棋程序。阿尔法狗被认为是第一个击败人类职业围棋选手、第一个战胜围棋世界冠军的人工智能机器人，其主要工作原理是"深度学习"。——译者注

[③] 作者写作本书的时间为2020年，故本书中经常出现这一年份。事实上，作者在2020年所作出的相关判断亦适用于当前（2023年），但出于尊重原书的考虑，译文一律保持了原文的表述。——译者注

策（法律 2.0）关系的问题，以及关于法律和政治边界的问题。类似地，当法律 1.0 遇到法律 3.0——这种情况正在越来越多地发生——也会存在某些困境，并将会因法律原则与不断扩展的技术可能性的并存而更加严重。然而，我们已经进入法律 3.0 时代，法律 3.0 是我们所要进行的对话。而法律 1.0 总体上忽略了将技术作为规制问题的解决方案，正处在让自己沦为配角的危险之中。

简而言之，本书作为法律 3.0 的入门书，主要讨论新技术对法律规则和法律推理的颠覆。基于这一结果，我认为，有必要重新设想，乃至重新塑造法律。本书将讨论新技术对法律规则的传统内容的颠覆性影响，对法律和规制事业的相关推理方式的颠覆和替代，以及越来越多的支持乃至取代法律规则的技术工具的出现。

本书认为，在这种颠覆之后，需要重新构想法律规则所属的领域（即规制环境）。本书建议，我们应该考虑一系列可用于规制目的的工具，而不是完全只考虑特定的规则和规范（其代表着"法律"）。虽然其中一些工具（如法律规则）是规范性的，但其他工具（如对于产品或流程的设计）却是非规范性的。规范性工具总是讨论"应该"做什么，而非规范性工具——至少，在光谱"硬端"的那些工具——只讨论"能"和"不能"做什么的问题。

在我们已经对法律 3.0 的概念有了一些头绪之后，该如何与其共存？谁将被邀请参与法律 3.0 的对话？需要什么样的对话？我的观点是，如果要重塑法律，首先需要对监管责任（以及随之而来的对于使用技术工具的"三重许可"）进行新的基本理解，基于这一新的理解我们才能清晰地阐明法治，才能重振"融贯主义的"（coherentist）法律 1.0 思维，以及改革国内和国际的法律与规制制度。

我的结论并不是,一旦将法律按照上述方式进行重塑,一切问题都会迎刃而解。在一个充满了动态技术变革的世界里,维持人类的社会生存所必需的条件将始终是一项挑战,而我们将永远在摸索中履行我们的监管责任。尽管如此,我还是认为,如果我们重新想象并重新塑造法律,而不是在这一方向上不采取任何行动的话,世界变得更美好的可能性将会增加。

最后,在结束这一导论之前,我想就这本书的写作和呈现方式作两点说明。第一点是,在写这本书时,我没有遵循通常的学术惯例,而是删除了脚注①,尽可能地减少引用,并尽量把每一章写得简短。我希望本书的文字浅显易懂,从而能够被快速阅读、理解和接受。我还想指出,尽管法律人对于虚构的小说并不陌生,但读者应该对本书的某些章节(比如下一章)完全来自虚构作好心理准备。此外,如果读者希望就本书的主要思想进一步阅读更加传统的学术作品,可以参阅我稍早之前的专著——《法律、技术与社会》②。就本书第 25 章所讨论的法学教育的内容,读者则可参阅我的一篇论文③。第二点是,我不想因本书的呈现

---

① 为了方便中文读者的阅读和理解,译者增添了部分说明性的脚注,并恢复了本书英文版的脚注。——译者注

② Roger Brownsword,*Law*,*Technology and Society*:*Re-Imagining the Regulatory Environment*,Abingdon,Routledge,2019.

③ Roger Brownsword,'Teaching the Law of Contract in a World of New Transactional Technologies,' in Warren Swain and David Campbell(eds),*Reimagining Contract Law Pedagogy*:*A New Agenda for Teaching*(*Legal Pedagogy*),Abingdon,Routledge,2019,p.112.

方式而让读者误以为我们现在所称之为"法律、规制和技术"[①]的法学学术领域缺少研究者和学术文献。相反，世界范围内的许多学者都在为这一迅速发展的学术研究领域增加广度和深度。因此，在本书的结尾部分，我将对过去 30 年来这一领域文献的发展趋势作一些简短的评论——学者们最初对生物技术、计算、信息与通信技术的发展作出回应，然后回应了纳米技术和神经技术的发展，最近则回应了增材制造（additive manufacturing）、区块链、人工智能和机器学习等领域。最后我将为进一步的阅读文献提供一些建议。

[①] Roger Brownsword and Karen Yeung（eds），*Regulating Technologies*，Oxford，Hart，2008；Roger Brownsword，Eloise Scotford and Karen Yeung（eds），*The Oxford Handbook of Law，Regulation and Technology*，Oxford，Oxford University Press，2017（中译本可参见〔英〕罗杰·布朗斯沃德、〔英〕埃洛伊斯·斯科特福德、〔英〕凯伦·杨主编：《牛津法律、规制和技术手册》，周辉等译，中国社会科学出版社 2021 年版。——译者注）；Michael Guihot，'Coherence in Technology Law' 11.2 *Law，Innovation and Technology* 311（2019）.

第 2 章

"书世界":一个关于颠覆的小故事

想象一家虚构的本地独立书店,不妨称之为"书世界"(BookWorld)。该书店在当地社区的生活中占有特殊地位。它不仅仅是一家书店。有一次,当"书世界"从旧址搬到附近的新店时,当地社区组成了一条著名的"人链",对库存书籍进行了转移。在"书世界"里,图书按照一个符合该书店的要求同时也为社区的图书爱好者所喜爱的分类方案上架。该方案首先将图书分为虚构类和非虚构类,随后又进一步再分类。偶尔可能需要就某本书的正确摆放位置进行一些讨论,但这是非常例外的情形。一般来说,员工和客户都知道在哪里能找到他们感兴趣的图书。

然而,随着关于新技术的书籍日益激增——最初是生物技术和网络技术方面的,现在则包括神经技术和纳米技术、人工智能和机器学习、虚拟现实和自动驾驶车辆以及区块链和3D打印等领域的书籍——"书世界"的员工发现很难应对图书的分类问题。上述图书应该被摆放在"大众科学""医学""健康""经济学""法律""伦理""智慧思维",还是"科幻小说"的分类之下呢?虽然工作人员可以告知客户他们的库存中是否有某一本图书,但他们却不能确定这本书到底存放在了哪个书架上。原因很简单，关于新兴技术的图书在店里几乎无处不在。此外，工作人员认识到，如果不对现有的分类指标进行扩展和改变，或者创建特殊类别，就不可能为这些激增的技术及其应用类图书找到合适的位置。人们往往不愿意修改传统的分类方案，但正如技术类图书的例子所表明的那样，既有的方案不再合乎目的。

最终，"书世界"还是不可避免地将书店中的一个房间专门用于存放"新兴技术类"图书，这些图书根据全新的分类方案进行上架。然而，对于"书世界"来说，这还不是所有问题的终结。这家书店正在经历一场更加深远和彻底的颠覆之旅。在很久之前，一本书就是一本书，一家书店就是一家书店；但如今，图书的形式和销售图书的方式都更加多样。现在图书可以数字格式提供，而"虚拟"书店只在线上存在。

"书世界"的店主们非常清楚地意识到，图书写作的技术本身正在对零售业尤其是书店产生颠覆性的影响。在这种情况下，"书世界"的销售额大幅下降，尽管该书店的客户非常忠诚，但当在线卖家能够以非常具有竞争力的价格迅速交付图书时，这种忠诚就受到了挑战。坦率地说，"书世界"的店主们意识到他们需要重新思考这一行业。他们需要反思自己的目标，并重新设想该书店如何才能实现他们的目标。"书世界"应该被重新定位为一家纯粹的网络书店，还是一家同时拥有实体店的网络书店？又或是主要作为一家实体书店但保留线上销售的选项？它是应该以另一家（同样是虚构的）全自动书店（Fully Automated Bookstore）为榜样？还是继续只作为一家现代化但仍相对传统的实体书店来经营？

在以往，"书世界"为了与客户建立长期关系已经投入了大量资金。店主们为自己的业务不仅仅是卖书而感到自豪。虽然在线业务似乎是未来趋势，但彻底关闭实体书店并将业务转移到线上是无法接受的选择。"书世界"是社区的有机组成部分，是很多人的社会生活基础设施的一部分，而且店主们都非常清楚，在很多城市的市中心都有着太多空置的零售单元。不管用何种方法，"书世界"都需要重塑自身，以便将传统商业模式的优点与新技术的好处结合起来。那么应该怎么办呢？店主们所追求的似乎是在书店的传统性和技术可能性之间取得明智且为社会所接受的某种结合。店主们并不清楚这一结合到底是什么样子的，但为了以所有利益相关者都能接受的方式来重塑"书世界"，店主们决定首先应该询问其客户和当地社区的意见。

故事讲到这里，我可以邀请读者来撰写故事的结局了。"书世界"所遭遇的颠覆让店主们有必要重新设想，但并不能保证店主们一定能够成功地改造书店。颠覆、重新想象和重新塑造并不一定是一个反乌托邦的故事，但也不一定是一个拥有美好结局的故事。我们最多所能说的是，店主们似乎正在以一种开明的方式往前走，我们希望这个故事对"书世界"及其顾客都有一个美好的结局。

但是，不管"书世界"的命运如何，这个故事所告诉我们关于法律的启示是什么呢？在"书世界"的街对面，一家家族律师事务所正在经历类似的颠覆。如今，摆在办公室书架上的那些皮革装订的法律法规和法律报告与其说是作为参考，不如说是用作装饰品。在线提供的法律服务范围不断扩展，从而使得走进律所办公室寻求法律咨询和帮助的人数大大减少，甚至一些老客户也被那些在文件起草、信息披露、尽职调查等法律服务的自动化方面投入巨资的律师事务所吸引。因此，我们可以看到，无论是图书销售还是法律服务的提供，传统做法都遭受了新技术的颠覆。

尽管法律科技（LawTech）的发展很重要，但其对于传统的提供法律咨询和援助方式的颠覆并不是我们准备从"书世界"的故事中所得出的主要教训。事实上，主要教训是对传统的法律1.0思维模式的颠覆，这一思维模式表现为即使分类方案显然不适合其目的，人们也不愿对其进行修改。根据法律2.0和法律3.0的思维，上述颠覆不仅导致了新的分类方案，而且导致了对技术工具如何有助于书店（和法律）的运作化（operationalisation）的截然不同的理解。通过这种方式，"书世界"的故事告诉了我们关于法律思维的演变的重要方面，以及技术如何日益影响我们从事着美国法学家卡尔·卢埃林（Karl Llewellyn）所称的"法律工作"（law-jobs）[①]的方式。用卢埃林的话来说就是，这一故事标志着技术在对人类行为进行引导（或规制）方面的作用越来越重要。

最后，正如"书世界"的故事一样，法律的颠覆、重新想象和重新塑造的过程并非注定是反乌托邦的——但也未必能够保证一定是美好的结局。然而，如果我们选择了正确的方式，我们当然可以希望，甚至可以期待，通过对法律的重塑，法律3.0将会是一个成功的故事。

[①] Karl N. Llewellyn,'The Normative, the Legal, and the Law-Jobs: The Problem of Juristic Method' 49 *Yale Law Journal* 1355 (1940).

PART ONE
第一部分

技术对法律的颠覆

第 3 章

法律 1.0：简单案件、困难案件和疑难案件

在本书的导论中，我们说过，法律 1.0 的对话是关于将法律的一般原则（及其更具体的规则）适用于具体的事实情况。法学院的学生经常被问及，在这样或那样的事实情况下，法律的立场是什么？法律规则和原则的适用有时候是比较直接的，有时则更为困难。有时是某一种技术创新（可能是从自行车到自动驾驶汽车的任何东西）造成了困难，但通常导致困难的原因未必是技术。换言之，在技术创新之外，法律 1.0 仍然要面对很多挑战。要让法律规则和原则适用于新的事实情况，无论是否涉及技术，都需要一定程度的想象力。然而，正如我们将在下一章中解释的那样，当我们的想象力受到新技术的挑战时，法律 1.0 很可能会被颠覆。

法学专业的学生很快就会学习到，普通法法院在 19 世纪中叶发展出了对违约行为造成的损害予以赔偿时适用的一般原则。其中最主要的原则是，损害赔偿的目标是让无过错方恢复到假设合同被实际履行（也就是没有违约）时的状态。同时，法院还确立了对因违约而产生的所谓间接损失（consequential losses）进

行索赔的原则。简单地说，如果这些损失是在事物的正常发展过程中产生的（任何人都会预料到），或者，当间接损失是"不寻常的"（extraordinary）时，如果被告（基于其作为缔约方的知识）能够预料到，那么被告均有责任进行赔偿。

在关于违约的法律1.0的对话中，这些是应适用的核心原则。然而，尽管在很多"简单案件"（easy cases）中将这些原则适用于特定事实是直截了当的，还有一些"困难的案件"（difficult cases），其中法律的适用不那么直接。此外，在偶尔的"疑难案件"（hard cases）中，原则是清楚明确的，适用也是直截了当的，然而适用的结果却让我们不得不停下来思考（通常是因为这些案件的结果是不合理或不公正的）。

例如，如果违约的卖方未能按照约定交付货物，则买方将被期待从另一卖方处购买，无论当时的市场价格如何。如果市场价格高于原来的合同价格，根据赔偿原则，赔偿金应涵盖市场价格与原合同价格之间的差额。这样，买方将（至少在财务上）恢复到假设卖方履行了原合同时相同的地位。这一案例非常简单：适用的原则是确定的，法律适用是直接的，适用的结果是没有问题的。

然而，简单案件的三个要素中的任何一个都可能存在问题。具体来说，对于适用哪些原则可能无法达成共识和确定下来；达成共识且确定下来的原则的适用可能并不直截了当；以及，适用原则所得到的结果可能是让人无法接受的。

如果人们没有就可适用的原则达成共识，比如有一个以上的备选规则或原则，我们在法律的"融贯性"方面就存在严重的问题（将在后面的章节中对此进行更多说明）。尽管我们之前说过，关于赔偿间接损失的一般原则在19世纪就确立下来了，但在21

第 3 章
法律 1.0：简单案件、困难案件和疑难案件

世纪却不再稳定。今天，不甚清楚的是，所适用的原则是取决于作为被告的违约方可能合理地预期到的内容，还是取决于被告已经对所涉损失"所承担的责任"。

即使在对可适用的原则已达成共识且明确的情况下，也可能有不止一种方式来解释和适用这一原则。众所周知，一般的赔偿原则就属于这种情况。例如，如果承包商安装了一个厨房，但其中的一个橱柜单元因与合同约定的规格略微不符而违反了合同，此时应如何将客户恢复到假设合同已完全履行的法律地位呢？在商业合同的情况下，赔偿合同约定与实际建造的厨房之间的价值差异可能就足够了，但在消费合同中，如果消费者对具体约定有个人的利害关系，则更合理的赔偿金额可能是纠正违约行为的花费。然而，如果修复涉及拆除一部分已经建成的厨房，成本可能会非常高昂（更不用说，有些人会认为这是"浪费"），而且所实现的价值和修复成本之间可能存在巨大差距。这样的案件非常棘手，法官可能在如何适用赔偿原则的问题上合乎逻辑地产生不同意见。

举例来说，在鲁克斯雷电子公司诉福赛斯[①]这个重要的英国判例中，所建造的游泳池比合同约定的标准浅了 9 英寸，很多人都认为建成的泳池（或该泳池所属的私人住宅）与原先规划的泳池之间并无价值上的差异，但要修复泳池在深度上的偏差，则需要超过 2 万英镑的花费。该泳池被认为可以安全地用于游泳和潜水，但却不符合与客户约定的标准。初审法官判决客户获得 2500 英镑的违约赔偿金，因其遭受了所谓的生活乐趣的损

---

① *Ruxley Electronics and Construction Ltd v Forsyth*（1996）：AC 344.

失①（既不是价值上的差额，也不是对泳池予以修复的费用）。在上诉时，上诉法院的多数法官判决客户应得到对泳池予以修复的全部费用。然而，在最终的上诉中，上议院恢复了初审法官的判决。人们都同意，客户应该被恢复到假设泳池按照合同要求被建成的法律地位，但有两种被认可的方式来适用该原则（根据价值的差异或者根据修复的费用来计算给客户的赔偿金）。最终，上议院没有采取上述任何一种方式，而是（像初审法官一样）提出了第三种适用该原则的方法（即根据生活乐趣的损失来确定赔偿金）。

　　第三种可能性是，直截了当地适用已达成共识的原则导致的结果是不可接受的。例如，如果违反合同的人通过违反合同获得了财务利益，但无辜一方没有遭受财务损失，那么前者是否应该就所获得的利益向后者负责？在许多商业场合中，一方利用了一个更好的报价这一事实可能不会引起太多的担忧，但如果违约行为非常严重，显然无辜一方不会放弃权利要求，那么我们遇到了一个疑难案件。这类案件之所以存在很大问题，是因为对案件本身情况的同情性的回应可能会造成教义上的（doctrinal）混乱和不融贯。

　　虽然经典的疑难案件是在特定案情下产生了不合理或不公正的结果，但此类案例可能反映了法律本身更普遍的问题——有时是因为一般性原则未能充分地救济新技术所可能导致的危害结果。例如，让我们考虑一下医疗专业人员在处理新型生殖技术和测试时因其过失行为、过失建议和过失遗漏等行为而导致当事人

---

① "生活乐趣的丧失"的英文为"loss of amenity"，也有人将其翻译为"舒适感的丧失"。——译者注

的生殖计划受挫所产生的赔偿问题。多夫·福克斯（Dov Fox）在其著作《出生权利与错误》中以如下方式描绘了这一场景：

> 不同种类的生育方面的过错行为（wrongs）需要不同种类的权利。在某些情况下，生育权**被剥夺**（deprived）了——比如实验室技术人员把作为不育夫妇生育亲生孩子最后机会的胚胎丢弃，或者医生误导一位热切期待拥有孩子的孕妇，说她的健康胎儿在出生时会患有致命疾病，从而导致她选择堕胎。在另外一些情况下，生育权是**被强加**（imposed）的——比如药剂师给一位女性的节育处方上填写了产前维生素，或者外科医生把一对育有五个孩子、已经难以维持生计的父母的绝育手术搞砸。生育权也可能**被混淆**（confounded）——比如一个实施体外受精（IVF）的诊所用陌生人而不是患者配偶的精子使其卵子受精，或者精子库因疏忽而未能通知即将成为父母者，其所称"完美"的匿名捐献者实际上未能完成大学学业、被判犯有盗窃罪，并被诊断患有精神分裂症。①

尽管一些法院对此类案件作出了积极而富有想象力的回应，但福克斯对美国法院普遍未能作出适当的回应提出了批评。如果争议中的法律疏忽涉及的是胚胎的丢失、毁坏或错误转移，法院倾向于拒绝赔偿请求，因为由此产生的"损害"或"损失"不符合对身体伤害或财产损害的通常理解；如果疏忽涉及的是未能阻止怀孕或阻止具有特定遗传条件的孩子的出生，法院则倾向于认

---

① Dov Fox, *Birth Rights and Wrongs*, New York, Oxford University Press, 2019, pp.165-166.

为孩子的出生（哪怕是计划之外的）是值得庆祝而非赔偿的理由。

如果法院在审理此类案件时不能利用其想象力来改写侵权法的原则、关于何为财产的传统概念，或采用隐私或人的尊严的观念[1]，我们就遭遇了法律1.0的局限性，因而需要法律2.0的对话和回应。

---

[1] 请与布朗斯沃德的以下观点比较：Roger Brownsword,'Human Dignity as the Basis for Genomic Torts' 42 *Washburn Law Journal* 413 (2003).

第 4 章

法律 1.0 被颠覆

法律被技术颠覆的故事经历了两个阶段：首先，新技术颠覆了法律 1.0 并促进了法律 2.0 的出现；然后，技术作为规制工具的可利用性（availability）又颠覆了法律 2.0，从而产生了法律 3.0。本章将重点讨论上述第一种颠覆。

第一种颠覆引起我们对现有法律规则的适当性的质疑，即我们开始怀疑这些规则是否符合目的。这种颠覆可能会揭示出不止一种不适合性（unfitness）。

当现行法律规则的实质内容不再适合预期的规范目的时，就会出现第一种不适合性的形式，从而需要修改相关规则。例如，在盖特威克机场与无人机相关的机场关闭就是典型例子：人们认识到，在机场周围为无人机设置禁飞区的既有规则是不够的，从而需要加以修改。同样，当生育权因疏忽而被剥夺、强加或混淆时（如前一章所述），法律上的救济措施是不足的，我们的回应是主张这些规则应该被修正。

第二种形式的不适合性是现行法律规则对技术或其应用没有作出任何规定；也就是说，缺陷的形式是空白或遗漏。为了纠正这个问题，需要专门的规制回应。例如，如果之前没有为无人机设定禁飞区的规则，那么在盖特威克机场事件发生后，就需要出台适当的规则。同样，随着生育技术的迅速发展，需要做的可能不仅仅是"微调"（tweaking）普通法原则；人们可能还会认为有必要对体外受精（IVF）的实践和其他事项建立一个全面的规制框架。

此外，还有一种形式的不适合性，即规则不再与技术及其应用相映射（map onto）或关联（connect）。例如，如果规则假定无人机（或类似的车辆或船只）均由可识别的人来操作，则它们将不会识别完全自主的无人机（或车辆和船只）。规则和现实之间就存在着一种"脱节"（disconnect）。

在过去的两个世纪里，新技术及其应用已经系统地颠覆了法律1.0的一些基本原则和规则，凸显了传统标准与正在快速工业化的社会之间缺少适合性。正如法国学者惹尼韦叶·维尼（Geneviève Viney）和安妮·格冈-勒库耶（Anne Guégan-Lécuyer）所说，"在一个农业的、小规模的社会中似乎完全正常的侵权制度，在19世纪末很快就暴露出自身的不合适性"①。一方面，以个人过错和个人责任为中心的侵权制度（让那些在工厂、铁路等场所的事故中受伤的索赔人承担责任去证明侵权人没有尽到合理的注意义务）过于苛求，而且，即使不考虑过错的问题，在没有现代保险方案的情况下，单个被告不太可能满足受害者的赔偿需求。另一方面，以过错为基础的制度有可能让新兴企业承担过多的风险，从而阻碍创新。简而言之，从规制的角度来看，法律

---

① Geneviè Viney and Guégan-Lécuyer，'The Development of Traffic Liability in France，'in Miquel Martin-Casals（ed.），*The Development of Liability in Relation to Technological Change*，Cambridge，Cambridge University Press，2010，p.50.

1.0 的规则对受害人和创新企业的保护都不够,而法律 2.0 所面临的挑战是如何创造一个能够应对这些缺陷的规制环境。

与此同时,法律 1.0 的一个理念在 19 世纪发生了重大转变,这一理念要求构成犯罪的一个必要要素是罪犯须具有犯罪的心理状态和相关意图〔即所谓的犯罪意图(mens rea)〕。然而,无论是英国还是美国的法律实践均与法律 1.0 的上述理念背道而驰,没有犯罪意图但却可惩处的刑事犯罪在持续增长。世界迅速变化,而新技术则推动了这些变化。正如弗朗西斯·赛义尔(Francis Sayre)所说:

> 马力大的汽车的发明和广泛使用需要新形式的交通规制……现代工厂的增长需要新形式的劳动规制;现代建筑的发展和摩天大楼的涌现需要新形式的建筑业规制。①

因此,法院承认,就"侵犯公共福利"的犯罪('public welfare' offences)而言,免除对意图或疏忽的证明是可以接受的。如果出售的食品掺假,或车辆没有有效的照明设备,或员工污染了航道,以及发生了类似的事件,那么卖家和雇主都要承担责任。在大多数情况下,惩罚的方式是罚款,其可能被看作对企业所课征的税赋;这就免除了检察官投入时间和资源来证明意图或疏忽的责任。赛义尔认为这一发展反映了"从 19 世纪的个人主义走向集体利益之重要性的新观念的趋势"②。

就合同法而言,颠覆的关键时刻始于从协议的"主观"一致

---

① Francis Sayre, 'Public Welfare Offences' 33 *Columbia Law Review* 55, 68-69(1933).

② Ibid., 67.

同意模式向"客观"模式的转变。前者要求各缔约方必须在主观上意见一致（ad idem），也就是对交易的条款和条件达成一致。这一理念阻碍了那些需要限制与新技术有关的责任的企业之发展。在法学理论中，这一转变典型地体现在麦利士法官（Mellish LJ）在帕克诉东南铁路公司案[①]中向陪审团作出的指示。该案中的法律标准与其说是客户是否真正了解并同意合同条款，不如说是铁路公司是否给予了合理的通知。大约一百年后，我们迎来了第二个颠覆时刻。这一时期，随着新技术产品（汽车、电视、厨房用具等）的大众消费市场的发展，有必要对"契约自由"和"契约神圣"的传统价值观作出根本的矫正，从而保护消费者不受生产商格式条款的不利影响。如今，市场交易的新技术（如商业的在线环境和区块链）继续颠覆法律，但这些主要是法律2.0和法律3.0的问题，而不是法律1.0的问题。

贯穿上述发展的是对法律教义的一种颠覆模式，这些教义是在较小规模的非工业化社区中被有机地阐发出来的——在那些社区中，繁重的工作是由马而不是机器来完成的。在这里，法律规则预设了一系列非常直截了当的理念：追究故意从事伤害性或不诚实行为的人的责任（甚至是他们的**个人**责任）；期待人们合理谨慎地行事；以及要求人们遵守诺言。一旦新技术颠覆了这些理念，我们就见证了向无须证明主观意图的严格或绝对刑事责任的转变、向无过错侵权责任的转变、向替代责任的转变（尤其是让雇主对其雇员的粗心行为负责）以及向无须证明实际意图、应允或同意的合同责任（或责任限制）的转变。此外，这些发展标志着一种理论分歧，刑法、侵权法和合同法的某些部分仍坚守着传

[①] *Parker v South Eastern Railway Co* (1877): 2 CPD 416.

统原则（也就是说，代表着"真正的"犯罪、侵权行为和合同），而其他部分则在作出了必要的调整或矫正后偏离了这些原则。

除了对现有规则的颠覆之外，还存在新技术的开发或应用导致法律面临空白或遗漏的情况。在历史上，我们可以看到许多新技术为人类（基于军事和商业目的）开发利用新空间（如空域、海底和极地）的实例，因此产生了采用一套有效的基础规则的压力。近年来，生物技术和网络技术的发展也带来了类似的压力。例如，我们需要建立一个法律框架来确立提供和获取最新辅助生殖技术的基本规则；需要创设新的违法行为类型和罪名来应对包括人类生殖性克隆和网络犯罪等在内的一系列问题；需要建立新的法律框架来应对计算机发展所带来的个人数据处理的问题；需要对知识产权法进行补漏和扩展，从而涵盖数据库、软件、集成电路以及现代生物技术等事项，这些事项无法通过将机器模型申报到专利局的方式向专利审查员展示。这些颠覆的独特之处不在于法律法规汇编中增加了什么内容，而在于对上述颠覆的回应通常是专门定制且以立法形式出现的。最关键的是，指导这些回应的规制思路与传统的融贯主义思维模式大不相同。

最后一种规则可能会被颠覆的形式是，规则无法与技术及其应用相映射或关联。完全自主的无人机可能就是一个很好的例子，但最显而易见的例子是自动驾驶的汽车或船只。在这两个例子中，假定车内或船上人员（驾驶员或船长）将控制汽车或船只的道路和海上交通规则不再符合现实。同样，现有关于车辆的分类和概念如何对应到仍然由人驾驶的优步（Uber）汽车的运营上，也可能会产生不少问题。例如，考虑到优步应用程序的地理定位功能，可能会产生一个问题，即这些汽车是否违反了对私人租车的限制而实际上在"趴活儿"（参见雷丁区议会诉穆达萨·阿里案[①]，法院实际上对这一问题作出了否定回答）。融贯主义者可能会作出不畏艰难的努力去适用现有的规则，使其尽量适合，但人们迟早必须正面解决颠覆所带来的问题，并作出定制化的规制回应。

对规则的颠覆可能采取不同形式。然而，关键问题与其说是一般原则和规则的适用受到的各种挑战，不如说是回应的性质。当法律1.0被颠覆时，被破坏的不仅仅是法律规则，同时还有法律1.0的融贯主义思维模式。相比之下，在法律2.0中，我们拥有不同的对话、不同的思维、不同的过程和不同的规则产品。

---

① *Reading Borough Council v Mudassar Ali*（2019）：EWHC 200 (Admin).

第 5 章
法律 2.0 与作为难题的技术

对法律 1.0 的颠覆激发了规制工具主义思维的发展。法律 2.0 的对话不是关于内部一致性或一般法律原则的适用,而是关于规则是否适合用于应对新兴技术的目的。一方面,如果规则存在过度监管,扼杀了有益的新技术的开发和应用,那么这些规则将不合目的;另一方面,若规则存在监管不足,从而使人们面临不可接受的风险(无论是身体、心理、财务或其他性质的),或者损害共同体所珍视的价值,那么这些规则也将不合目的。

对于那些希望把事情做好的监管者来说,法律 2.0 的思维方式可能会提出正确的问题,但由于技术的快速发展及其所存在的争议性,答案可能很难找到。简而言之,对于监管机构来说,技术是一个有问题的监管对象。

在本章中,我们将讨论技术对以法律 2.0 方式进行思考和运作的监管机构构成挑战的三个具体方面。这三重挑战分别与规制立场的合法性、规制的关联性以及规制行动(或不行动)的有效性有关。

规制的合法性

虽然每种技术的规制环境将反映地方性的政治、偏好和优先事项的混合，但我们可以确定三种通用的基本要求（generic desiderata）——在最低限度上，共同体的基本要求包括公民希望享受创新的益处，但同时也希望技术是安全的，并能够以尊重基本价值的方式来加以应用。具体而言，监管机构所面临的三项要求是：

- 支持而不是扼杀有益的创新
- 对人类健康、安全和环境的风险进行可接受的管理
- 尊重基本的共同体价值（如隐私和保密、言论自由、自由、正义、人权和人的尊严）

这三项要求所带来的挑战既存在于它们**之间**的紧张关系中，也存在于它们**内部**隐藏的紧张关系中。

监管者会发现，尽管创新游说团体会主张轻度规制（light-touch regulation）、强有力的知识产权保护、税收减免和补贴等等，但其他主体则会主张：（1）需要进行适当的**事前**风险评估和预防措施，以及（2）可能需要充分的监管监督来保护基本价值。也就是说，监管机构需要作出"合比例"的回应，在创新者的负担（可能还有公众享受福利的延迟）与共同体对安全的担忧和对价值的尊重之间进行权衡。当然，这只是重申了挑战，而没有解决问题。

撇开各要求**之间**的紧张关系不谈，每一项要求都取决于一个备受争议的概念。关于第一项要求，我们需要追问的是：什么样的创新是"有益的"？有益于谁——有益于满足谁的需求？就何

种人类利益而言是有益的？何时有益——立即，在未来五年内，还是在未来某个不确定的时间有益？

关于第二项要求，我们应该追问：什么是"可接受的"风险，以及对谁来说风险的负担是"可接受的"？值得注意的是，专业风险评估人士的观点与普通人的观点存在不同，只要发生某种危害的可能性很小，他们就将这一项技术描述为"低风险"（从而可能意味着是"安全的"），哪怕任何人都会认为这一危害极其严重（例如，商业飞机的坠毁极少发生，但一旦发生通常是致命的）。进一步的问题是，风险是如何分配的？谁从中受益？谁承担风险？

最后但并非最不重要的问题是，哪些价值观（以及某一价值观的哪些特定观念）将被作为指导思想？我们支持哪种价值体系——是基于权利的、基于义务的，还是基于效用最大化的价值体系？如果是以权利为基础，那么是何种权利〔仅仅包括消极权利还是同时包括了消极和积极权利，是自由至上主义的（libertarian），还是自由福利主义的（liberal-welfare）权利，等等〕？如果是以义务为基础，那么是何种义务（例如，是康德主义的还是社群主义的）？如果是以效用为基础，那么我们采用的是哪种演变类型（行为还是规则，理想的还是非理想的，等等）？如果我们直接将隐私或人的尊严、自由或正义、平等或团结等价值作为指导，那么这些价值的诸多观念（conceptions）中的哪一个将作为参考标准？

规制的关联性

快速发展的现代技术给监管者带来的一项独特挑战是技术的

发展速度。监管者如何与这些技术建立并保持关联？约翰·佩里·巴洛（John Perry Barlow）曾作出过著名的评论：

> 法律以不断改进的方式进行调整，其节奏的庄严程度仅次于地质变化。技术的进展则……猛冲猛跳，如生物进化在时断时续中突然加速。现实世界的状况将继续以令人目眩的速度变化，而法律将进一步落后于现实，从而更加混乱。这种不匹配是永久性的。①

无论是信息技术的规制还是生物技术的规制，抑或是纳米技术或与新大脑科学相关的技术的规制，更不用说区块链、人工智能和机器学习的规制，巴洛的论点似乎都得到了充分的支持。事实上，有证据证明，对于法律来说已经太快了的技术发展的速度仍在加速。虽然不是一件容易衡量的事情，但现代信息技术除了本身具有的重要意义外，至少在两个方面对其他技术发挥着关键的促进作用：一方面是促进了生物技术的基础研究（尤其是人类基因组测序），另一方面是促进了其他技术产品的商业开发。

技术可能在监管周期的任何阶段将法律抛在身后，即：在监管机构对该技术达成任何类似共识的内容之前，在监管的具体条款最终确定之前，以及在监管方案到位之后。例如，一项新技术可能会很快出现，使监管机构（至少是国家的立法机构）措手不及；或者，在监管机构能够就其监管干预的内容达成一致之前，一项有争议的新技术可能已经在实践中开发和流通了很久。尽管

---

① John Perry Barlow (1994): 'The Economy of Ideas: Selling Wine without Bottles on the Global Net,' available at www.wired.com/1994/03/economy-ideas/.

监管机构正在加快步伐，考虑它们的备选方案并解决它们之间的分歧，但技术仍在不断向前发展，运行在一个即使不算是监管空白也至少需要监管关注的空间里。正如米歇尔·芬克（Michèle Finck）在讨论互联网和分布式区块链技术时所正确评论道的："当具有挑战监管的特征的系统被大规模采用时，社会规范将转变为拒绝监管干预。在这种背景下，监管不仅从技术角度变得困难，而且从政治的角度也变得难以实现。"①

此外，即使等到监管框架已经到位时，它们也无法免受技术变革的影响。例如，1990年《英国人类受精和胚胎法案》就因胚胎学的发展（特别是在仅仅受到刺激而没有受精的卵子中而不是在胚胎中进行基因工程的能力）和未曾预料地使用新的胚胎筛选程序而过时，该胚胎筛选程序被用来识别何种胚胎适于作为与需要进行骨髓移植的出生婴儿相匹配的组织［即"救命手足"（savior sibling）的情形］；又如我们所周知的，数据保护的法律法规很快就因技术的发展和收集与处理个人数据的目的和用途而过时。②

规制的有效性

人们在评估特定法律干预措施的影响方面已经做了大量研究工作。一些干预措施的效果相当好，但也有一些干预措施的效果不尽如人意——许多措施基本没有效果，甚至会产生意想不到的

---

① Michèle Finck, *Blockchain Regulation and Governance in Europe*, Cambridge, Cambridge University Press, 2019, p. 64.

② See, e.g., Peter P. Swire and Robert E. Litan, *None of Your Business*, Washington, D.C., Brookings Institution Press, 1998.

负面影响。①此外，我们也知道，在线提供商品和服务的跨界效应加剧了监管机构面临的挑战。如果我们综合这一知识体系，那么应该如何理解规制有效性的条件呢？

首先，我们认为问题可能出在监管机构本身。例如，如果监管机构存在腐败（无论是在它们制定标准的方式上，还是在它们对合规的监控方面，或是在它们对不合规的回应方面），或者被监管者"俘获"了监管机构，或者监管机构的资源不足，那么干预的有效性就会受到影响。

其次，被监管者也可能是问题之所在。一般来说，当监管者得到被监管者支持的情况下（即二者达成共识而不是相反），往往能够做得更好。例如，学者在芝加哥地区所做的一项广为人知的研究表明，守法或不守法不仅取决于自利的工具性计算，而且（更重要的）取决于被监管者对监管标准合乎道德的程度、监管机构所声称的权限的正当性以及监管程序的公平性所作出的规范性判断。②然而，被监管者的抵制可以追溯到不止一个角度。商人（从生产者和零售商到银行和金融服务提供商）可能会作为理性的经济主体来回应监管，将法律制裁视为对某些行为所课征的税；专业人士（如律师、会计师和医生）倾向于看重和遵守自己所在行业的行为准则；警察固执地遵循他们的"警察文化"；消费者则可以通过拒绝购买来进行抵制。在有些时候，对法律的抵

---

① See Tom Gash, *Criminal : The Truth about Why People Do Bad Things*, London, Allen Lane, 2016.

② Tom R. Tyler, *Why People Obey the Law*, Princeton, NJ, Princeton University Press, 2006.（中译本可参见〔美〕汤姆·R. 泰勒：《人们为什么遵守法律》，黄永译，中国法制出版社2015年版。——译者注）

制是很多人出于良心的考虑而作出的选择，例如基于和平税的抗议①、医生无视那些他们认为违背良心的法律限制、宗教团体成员藐视法律所支持的着装规范，等等。

在所有这些情形中，关键的一点是，监管并非作用于静止的被监管者：被监管者会对监管作出反应，他们有时遵守监管，有时忽视监管，有时抵制监管或重新调整自己的业务，有时则通过搬迁来回避监管，不一而足。那些反对监管的人有时会寻求通过合法手段来推翻监管，有时则通过非法手段来破坏监管；他们的回应有时是战略性和组织良好的，有时则是混乱和自发的。事实上，被监管者都有他们自己的想法和利益，他们将以自己的方式作出回应，而这些回应的性质将是规制有效性的重要决定因素。

最后，问题也可能来自监管信号的各种外部扭曲或干扰。一些类型的第三方干扰是众所周知的——例如，监管套利（这是公司法和税法的重要特点）并不是什么新鲜事。然而，即使没有积极追求监管套利，如果被监管者选择在其他更有吸引力的地区营业，当地监管干预的有效性也会受到削弱。

尽管这种类型的外部性在决定监管干预的有效性方面继续发挥着作用，但互联网的出现最显著地突出了第三方干扰的可能性。早在 20 世纪末，戴维·约翰逊（David R. Johnson）和戴维·波斯特（David Post）就预测到，国内监管机构在控制域外的在线活动方面将难以取得成功，尽管这些活动对当地产生了不

---

① 和平税的抗议者（the peace tax protesters）基于良心上的权利而反对通过税收来为武器、战争准备和其他战争行为提供资金支持，关于这类抗议者的主张和行动可参见良心与和平税国际组织（Conscience and Peace Tax International）的网站介绍（https://www.cpti.ws/about/about_cpti.html）。——译者注

少影响。①虽然国内监管机构并非完全无能为力，但互联网的发展极大地改变了监管环境，不仅催生了新的在线供应商和社区文化，也导致网络犯罪和网络威胁的新漏洞。对于境内的监管机构来说，最大的挑战在于，当互联网药店、在线酒精饮料供应商或在线赌场等机构使用托管在境外的服务器向境内的被监管主体提供商品和服务时，境内监管者如何控制获取毒品、酒精、赌博或直接面向消费者的基因检测服务的渠道。

针对法律2.0的规制有效性面临的这些挑战，一种观点认为，如果将新技术用作规制工具，社会控制可能会更加有效。尤其是，如果将人类监管者的因素排除在外，将可能会防止腐败和俘获；如果人类被监管者（由于技术性措施）除了"遵守"之外别无其他实际选择，那么这可能会消除被监管者的抵制。有了这些颠覆性的想法，我们即将步入法律3.0的领域。

---

① David R. Johnson and David Post, 'Law and Borders: The Rise of Law in Cyberspace' 48 *Stanford Law Review* 1367 (1996).

第 6 章
法律 2.0 的"线索墙"

如今，任何一部地道的犯罪题材电视剧都不可能没有自己的"线索墙"（或"证据板"）。调查小组的侦探们使用软木板、白板或更为复杂的墙状变体，将犯罪现场、嫌疑人、武器以及人工制品等的照片钉在上面，潦草地写下他们的疑问和想法，并画出一组让人眼花缭乱的线条来帮助他们勾勒出相关的联系，并在某一个灵感迸发的瞬间找出犯罪凶手。

同样，监管机构在法律 2.0 的框架下应对一项新技术时，也可能会考虑使用线索墙来汇聚想法。正如我们在前一章中所认识到的，处理好规制环境所面临的挑战是多方面的；法律 2.0 的对话涉及合法性、有效性和关联性等问题，这不仅仅是适用正确规则的问题，规则背后的制度配套（institutional apparatus）也必须符合目的。

对监管者来说，是新技术的出现而不是犯罪行为促使他们开始思考法律如何应对的问题。以增强现实技术（augmented reality）为例，监管机构可能已经考虑过虚拟现实技术的治理，但增强现实技术的预期收益和风险与前者可能并不完相同。①随着增强现实技术的发展,其可能会在军事、警务、卫生和医学等领域具有有益的应用。在这些情况下,监管机构需要确保,该技术的进一步研究和开发不会因知识产权制度的限制、过度的事前安全检查或繁重的事后责任而受到削弱。此外,增强现实技术相关的风险也需要被评估和管理。

当监管者进行风险评估时,他们通常会有一份所谓的嫌疑人名单。我们不想要那些会杀死或伤害人类或对环境有害的技术;我们需要小心地对待那些侵犯财产权或挑战我们对隐私的合理期待的技术;在更抽象的层面上,我们需要确保特定技术的应用符合对人权和人的尊严的尊重。从表面上看,增强现实技术似乎并不特别具有威胁性,也不会带来新的风险,但谷歌眼镜和宝可梦狂热(Pokémania)的例子则表明事实并非如此。前者代表了"监控资本家"的数据收集和行为修正能力达到了令人担忧的程度②,后者则鼓励游戏玩家将公共空间当作游戏区,从而引发了关于在特定空间中可以进行哪些活动、谁来作出决定以及技术如何改变了这一决策等问题。③监管者需要注意听取那些反对草率立法的建议,否则将追悔莫及。

让我们再来看一下困扰监管机构的"深度伪造技术"(deepfake)及其误导性图像。在线索墙上的益处一端(比如说,在教育和健康方面)有什么值得写的吗?或者,深度伪造技术是否只

---

① Michael Katell, Franciene Dechesne, Bert-Jaap Koops and Paulus Meessen,'Seeing the Whole Picture: Visualising Socio-Spatial Power through Augmented Reality' 11.2 *Law, Innovation and Technology* 279 (2019).
② Shoshana Zuboff, *The Age of Surveillance Capitalism*, London, Profile Books, 2019, pp.155-157.
③ Michael Katell, Franciene Dechesne, Bert-Jaap Koops and Paulus Meessen,'Seeing the Whole Picture: Visualising Socio-Spatial Power through Augmented Reality' 11.2 *Law, Innovation and Technology* 279, 289 (2019).

是提供了一个恶作剧的机会来对名人进行负面的描绘，或者通过混淆视听的方式来搅乱政治局面？不过，总体上可以说，深度伪造技术所带来的风险是系统性的。如果增强现实技术的根本问题是它向行为人提供了过多的信息，或者它在行为人之间造成了信息不对称（A知道关于B的所有信息，但B所了解的关于A的信息却不对等），那么深度伪造技术的根本问题在于它会损害信息生态系统本身。正如阿尔·戈尔（Al Gore）在《对理性的攻击》一书中所说，随着"假新闻"的泛滥——同样地，我们也可以说，随着"深度伪造技术"的无处不在——我们所面临的挑战在于恢复"一个健康的信息生态系统，从而欢迎和支持互联网时代的……基本自治过程，以便共同体能够重新作出正确的决定"[1]。

在制订出理想的规制方案后，监管机构将再次通过线索墙来思考如何最好地实现其目标。在多大程度上需要"硬法"？自我规制在多大程度上更有效？是否应该有一个专门的机构来监控和管制增强现实技术的运用？在线索墙上有许多可能的规则组合和不同的制度安排，监管机构必须从这些选项中选择它们自己的方法。

最后，当犯罪者被发现并定罪后，电视剧通常会结束；然而，监管的剧情却可以继续上演。增强现实技术或深度伪造技术的利用可能会以出乎意料的方式发展，收益和风险可能并不以之前所预期的方式出现，因此（正如我们在前一章中提到的）规制不再具有适当的关联性或可持续性。这时，监管机构将不得不再次启动它们的线索墙来解决这个问题。

---

[1] Al Gore, *The Assault on Reason*, updated edn, London, Bloomsbury, 2017, p.294.

第 7 章

法律 2.0 被颠覆：技术作为解决方案

2009 年 9 月，一群武装盗贼使用直升机对斯德哥尔摩的一个现金库进行了一次惊人的劫掠（后被称为"韦斯特贝亚抢劫案"）。该现金库的所有者提供了一笔巨额奖金，以获取能够让罪犯被逮捕和定罪或者让被盗钱财得以追回的信息。一年多之后，几名与该抢劫案有关的男子被判犯有重罪，但数百万美元的现金并没有被追回。虽然韦斯特贝亚事件并不意味着瑞典的刑事司法系统无效或处于危机状态，但对这起抢劫案的反应却是戏剧性的。自此之后，瑞典的现金流通量大幅下降。到 2014 年，只有约 20% 的零售付款使用现金。可以肯定的是，这并不全是因为这一抢劫案的发生；瑞典向无现金经济的转变受到其他备受瞩目的抢劫案的影响，同时也得到了新型数字支付技术发展带来的商业机会的支持和助力。[1]

对于我们来说，韦斯特贝亚抢劫案的后果所表明的是，（无现金支付机制的）技术发展可能是解决特定规制问题（如何确保

---

[1] Nathan Heller, 'Cashing Out,' *The New Yorker*, October 10, 2016, available at www.newyorker.com/magazine/2016/10/10/imagining-a-cashless-world? verso =true.

第 7 章
法律 2.0 被颠覆：技术作为解决方案

大量现金的安全）的方案。换句话说，技术发展的颠覆性影响之一是为监管机构提供使用规则以外的选择。技术发展对法律 2.0 的颠覆性促进了法律 3.0 的出现。

准确来说，第二次颠覆的重点不是现行法律规则的缺陷或空白，而是能够用于监管目的的新技术工具的可得性（availability）。对这种颠覆的回应不是要求更改某些现有规则或创制新规则，而是认为，使用规则并不一定是实现预期监管目标的最有效方式。这已经预先假定了对传统法律思维模式的颠覆（对法律 1.0 的颠覆以及向法律 2.0 的演化）——也就是说，它预先假定了规制工具主义和目的性思维——以及愿意考虑将架构（architecture）、设计、编码、人工智能等作为监管工具。

可以说，当人们在门上装锁的时候，我们就能找到这样的思路。然而，正如我们所说的，对法律 2.0 的颠覆所基于的技术手段的多样性和复杂性——这些技术手段不仅可用于对目标进行加固的目的（如门锁），还可用于将潜在的不法行为人排除在外或使其丧失能力，以及让潜在的受害者免受影响（如通过自动化过程）——截然不同于它们在前工业社会和早期工业社会中的地位。如果说在法律 2.0 的对话中，"智慧监管"（smart regulation）的倡导者[1]主张使用一系列补充性的规范性工具，而不仅仅依赖于某一条规则，那么在法律 3.0 的对话中，智慧监管则涉及同时对规范性措施的明智利用与对场所、产品和流程的适当设计均进行双重的、持续的关注。

对技术工具的利用可以描绘为一个从软到硬的光谱。在光谱的软端，技术被用于支持法律规则。例如，监控技术（如闭路电

---

[1] Neil Gunningham and Peter Grabosky, *Smart Regulation*, Oxford, Clarendon Press, 1998.

视）和识别技术（如 DNA 分析、车辆车牌自动识别或面部识别）的使用让违规行为更容易被发现；在其他条件相同的情况下，上述技术的运用促进和鼓励了遵守规则的行为，但这些方案仍然是以规则为基础的，不遵守规则的实际选择仍然存在。相比之下，在光谱的硬端，关注的焦点和欲实现的目标则是不同的。在这里，"技术管理"（technological management）的措施侧重于限制被监管者的实际（而非纸面上的）选择。法律规则通常是以**事后的**惩罚、赔偿或恢复性的措施支持其规定的要求，而技术管理的重点则完全是**事前的**，旨在预测和防止不当行为，而不是事后的惩罚或赔偿。正如李·拜格雷夫（Lee Bygrave）在讨论信息系统的设计与知识产权和隐私保护问题时所说，基本的假设是，通过将规范嵌入架构之中，"可以显著地增加规范的**事前**应用，并相应地减少对规范的**事后**应用的依赖"[①]。

就最后一点而言，数字版权管理（digital right management）是数字产品制造商将拟施加的限制编码到产品当中的一个典型例子。例如，如果一家数字光盘（DVD）的制造商希望某一光盘只在某个地区播放而不希望其在世界上任何其他地区播放的话，它可以将适当的地理限制（或地理阻塞）内置于该产品的设计中。如果没有这样的技术解决方案，制造商可能会依赖合同或许可证中的限制性条款和条件来限制该数字光盘的使用。然而，人们显然会认为，**事前的**技术解决方案比**事后**努力去发现和纠正违反合同条款和条件的行为更为有效。伴随着对法律 2.0 的技术性颠覆，私人部门转向技术解决方案的做法可能会引发公共监管机构

[①] Lee Bygrave, 'Hardwiring Privacy,' in Roger Brownsword, Eloise Scotford, and Karen Yeung (eds), *The Oxford Handbook of Law, Regulation and Technology*, Oxford, Oxford University Press, 2017, p. 755.

产生类似的思路，反之亦然。

　　监管思维的这种演变并不奇怪。监管者认识到传统法律规则缺乏适合性，并采取了更具规制性的路径，下一步必然不仅要考虑风险评估和风险管理，而且会注意到越来越多的技术工具可供监管机构使用。通过这种方式，监管思维不仅关注要管理的风险，还关注如何最好地管理这些风险（包括利用技术工具）。

　　例如，随着计算机的发展，因特网和万维网支持了一系列应用程序。很明显，当个人身处网络环境中时，他们的隐私以及对个人数据的公平处理都面临风险。最初，监管机构认为"交易性"（transactionalism）足以保护个人：也就是说，这一理论假定，除非相关个人答应或同意对具体事项的处理，否则这些行为均不合法。然而，一旦人们发现网络环境中的消费者通常以机械方式来表示合意或同意，而不是在自由和知情的基础上这样做，就需要考虑一种更为稳健的风险管理方法。这种方法可能仍然是基于规则的，但也可能通过技术的手段进行管理。换言之，当我们思考互联网用户的自主性或隐私保护问题时，为什么不考虑通过技术手段来实现监管目标呢？正如伍德罗·哈特佐格（Woodrow Hartzog）所言，"流行技术的设计对隐私至关重要，法律应该更加重视这一问题"[1]。

　　事实上，这正是欧洲的《通用数据保护条例》（GDPR）[2] 和新的《版权指令》[3] 所规定的。虽然"隐私增强技术"（privacy enhancing technologies）和"隐私设计"（privacy by design）的

---

[1] Woodrow Hartzog, *Privacy's Blueprint*, Cambridge, MA, Harvard University Press, 2018, p.7.

[2] General Data Protection Regulation (EU Regulation 2016/679).

[3] Copyright Directive (2019/790).

说法已经流传了一段时间，但在《通用数据保护条例》中，这些已不仅仅是空谈。一方面，监管对话越来越具有技术主义的（technocratic）色彩；另一方面，有迹象表明，这种特殊形式的颠覆正在开始影响监管实践。因此，在《通用数据保护条例》中，数据控制者需要采取"适当的技术性和组织上的措施"，以确保符合该条例的要求，并且在《版权指令》第 17 条中，存在一种隐含的对发展内容识别技术的鼓励，该技术将有助于版权持有人和在线服务提供商之间的协作安排。

通过这类举措，我们可以看到，第二次颠覆已经开始影响监管实践。诚然，这一影响到底会渗透到多大程度，仍有待观察。但无论如何，法律 3.0 的种子已经播下。我们现在已经有了一种颠覆性的思想，即技术可能是规制问题的部分解决方案。

第 8 章

法律 3.0：融贯主义、规制工具主义和技术主义的对话

曾几何时，当满载通勤者的火车驶入滑铁卢车站时，车门猛然打开，乘客们探身出去准备随时跳下行驶中的火车，并在匆忙奔跑中撞上站台。如果这种情况发生在 2020 年，那么毫无疑问将会引发一场如何监管这种危险做法的公共讨论。事实上，在 2020 年，健康和安全标准将不会容忍这些行为。假如还没有禁止此类行为的规则的话，相关部门肯定也会面临紧急通过这样的规则的压力。

当然，在 2020 年，到达滑铁卢车站的火车与昔日的蒸汽火车和车厢具有截然不同的设计。如今，不仅火车车门的数量大大减少，而且所有车门都集中锁闭，解锁则由列车管理员来控制着。车门在列车完全静止之前不会解锁，所以根本不可能有人在列车运行中跳下车。在 2020 年，列车的设计考虑到了健康和安全问题，列车的设计承受住了监管的压力。在 2020 年，当通勤者有秩序地离开火车时，问题更多地在于他们能做什么和不能做什么，而不是他们应该做什么或不应该做什么。在 2020 年，到达滑铁卢车站的列车反映了法律 3.0 的影响以及与之相伴随的思

想观念。

正如我们之前所说，第一波技术颠覆的影响是破坏传统的法律 1.0 的融贯性思维模式——挑战来自以更具目的性（purposive）的规制工具主义方式思考的法律 2.0 的思维模式。当规制工具主义朝着法律 3.0 的更加技术主义（technocratic）的方向迈进时，第二波颠覆又加剧了第一波颠覆的影响。不同的思维方式之下都有不同的焦点问题、不同的表达框架（framings）和不同的对话。

本章将通过三个简短部分来分别勾勒与法律 1.0、法律 2.0 和法律 3.0 相关的思维模式。

融贯主义

就当前的目的而言，我们可以通过以下五个典型的法律 1.0 的特征来界定融贯主义思维。

第一，对于融贯主义者来说，最重要的是法律教义（doctrine）的完整性和内在一致性。这被认为对法律自身来说是可取的。第二，融贯主义者并不关心法律是否适合其规制目的。第三，融贯主义者对待新技术的方式是检视该新技术是否符合现有的法律类别（然后努力将其纳入该类别）——例如，生物技术、信息技术和密码技术的发展提出了一系列融贯主义的问题，即财产法中的基本概念和特点如何对应到一系列"事物"中，比如细胞株（cell lines）、配子（gametes）、个人数据和加密资产等。第四，融贯主义者认为，法律推理应该以指导法律的一般原则为基础。在关于交易的执行或不执行的问题上，基本原则是当事人应当自由地进行自己的交易，只有当事人自由地同意某一项交易，才有理由要求他们遵守协议。第五，融贯主义者认为，私法的功

第 8 章
法律 3.0：融贯主义、规制工具主义和技术主义的对话

能及其指导原则主要涉及**事后的**矫正和赔偿。

值得持续思考的是，融贯主义的倾向不是问现行（以及被颠覆的）规则是否符合目的，而是问新现象如何被纳入传统的分类体系，或者它们是否符合一般法律原则。这种保守的心态可以理解为反映了"书世界"（见第 2 章）的店主最初不愿意彻底改革其图书分类方案的思路。

融贯主义者所关注的重点是公认的法律概念、类型和分类，他们同时也不愿意放弃这些概念、类型和分类，而希望思考出一种定制化的回应。例如，与其承认新型知识产权，融贯主义者更倾向于轻微调整现有的专利法和版权法。同样，在交易中，融贯主义者（基于现行法律的指引）希望将电子邮件分类为即时（instantaneous）或非即时（non-instantaneous）通信（或传输）形式，他们希望将标准合同模板应用于在线购物网站，他们希望利用传统的代理理念来尽力理解电子代理人（electronic agents）和智能机器，他们还希望将在新型平台（如支持 3D 打印产品交易的平台）上买卖的个人"生产消费者"（prosumers）和"业余爱好者"要么归类为商业卖家，要么归类为消费者。随着交易的基础设施变得越来越技术化，普通法的融贯主义和规制工具主义之间的紧张关系变得越来越明显。一言以蔽之，融贯主义预设了一个充其量来说慢慢变化的世界。它属于马的时代，而不是自动驾驶汽车的时代。

因此，融贯主义是律师和法官的自然语言，他们寻求以原则性强的方式来适用法律。融贯主义也是许多法律人的默认思维模式，他们认为，"像法律人一样思考"的训练也就是学会将法律的一般原则适用于各种情景和现象，无论是熟悉的还是新颖的。

规制工具主义

与融贯主义相对比，我们可以用以下六个特征来界定规制工具主义。

第一，规制工具主义并不关心法律教义的内部一致性。当规制工具主义者对一致性提出疑问时，他们通常只是确保特定的规制干预将补充其他干预措施，以实现特定的规制目标。第二，它完全侧重于法律在服务于特定规制目标时是否具有工具上的有效性。规制工具主义者不会问法律是否"融贯"——除了会考虑一组相关的干预措施是否都朝着所需的规制方向推进以外——而是问它是否有效。第三，规制工具主义毫无保留地支持颁布新的定制化的法律，只要其能够对新技术所提出的问题进行有实效和有效率的回应。第四，规制工具主义者的立足点不是法学理论中确立的一般原则，而是当前政策的目的和目标。第五，在保持其政策重点的同时，与新技术相关的规制工具主义倾向于在收益和风险之间达成某种可接受的平衡。第六，与规制工具主义相伴随的风险管理思维倾向于**事前**预防，而非**事后**矫正。

因此，规制工具主义是对法律2.0说得头头是道的立法者、政策制定者和监管机构的（民主的）法定语言。与之相反，虽然法官可能有责任来适用受到政策驱动的立法的精神，但我们认为，监管政策的制定恰恰超出了并不对此负责任的法官的职权范围。

法律2.0孜孜不倦地追求一种工具主义的合理性。问题是：什么措施能够起作用？什么措施能够服务于特定的目的？当监管干预无效时，仅恢复到原来的状态是不够的；相反，应该借鉴以

第 8 章
法律 3.0：融贯主义、规制工具主义和技术主义的对话

往的经验，采取进一步的规制措施，以期更有效地实现规制目的。因此，刑法的目的不仅仅要对不当行为作出回应（这是矫正正义所要求的），而且要通过采取任何可能奏效的威慑措施来减少犯罪。同样，在一个注重安全价值的共同体中，侵权法的目的不仅仅是为了应对不法行为，而且是为了阻止行为人从事那些本可以轻易避免造成伤害和损害风险的做法和行为。对于规制工具主义者来说，法律的道路应该是不断进步的：我们应该在规制犯罪和提高安全水平方面做得更好。

爱德华·鲁宾（Edward Rubin）认为，在现代行政国家中，"判断法律的价值的标准不是它是否具有融贯性（coherent），而是它是否有效（effective），也就是说，在确立和实施现代国家的政策目标方面是否有效"。[1]事实上，欧盟的一个显著特点便是，法律 2.0 的精神不仅在过去渗透于单一市场项目之中，而且现在还继续引领着数字欧洲项目。正如欧盟委员会所述：

> 数字化带来了商业和技术的快速变革，无论是在欧盟还是在全球范围内，均是如此。欧盟现在需要采取行动，以确保根据欧盟共同规则来制定相关的商业标准和确立消费者权利，从而尊重高水平的消费者保护，并提供一个现代商业友好型的环境。现在亟须创建一个制度框架来让数字化的益处得以实现，从而使欧盟企业变得更有竞争力，并让消费者能够信任欧盟的高水平消费者保护标准。通过当前的行动，欧盟将确立相应政策取向和标准，从而让数字化的重要内容得

---

[1] Edward L. Rubin, 'From Coherence to Effectiveness,' in Rob van Gestel, Hans W. Micklitz, and Edward L. Rubin (eds.), *Rethinking Legal Scholarship*, New York, Cambridge University Press, 2017, p. 328.

以实现。①

在脱欧之后，英国的监管机构将会以自己的方式追求类似的目标。不过，无论是在欧盟还是英国，我们可以预期，基于传统原则的法律融贯性都将是次要问题。

最后但并非最不重要的是，法律2.0的一个特点是其思维更加注重风险。在刑法和侵权法中，需要评估和管理的风险主要涉及对身体和心理的伤害以及对财产和声誉的损害；在合同法中，相关的风险主要是经济风险。举例来说，我们在产品责任的发展过程中看到了一个可接受的风险管理方案，该方案对于有积极效应但也具有潜在危险的产品（如汽车或新药）的市场流通作出了回应。不过，法律2.0的回应仍是以修订**规则**的形式出现（尚不是技术主义的），且仍具有**事后**纠正的性质（尚未采取**事前**预防的方式）。然而，从这里的回应方式到更多地（对食品、药品和化学品等）进行**事前**的监管检查，以及将新技术用作预防性的规制工具，只有一步之遥。换言之，从风险管理的规制工具主义思维到更加技术主义的思维，仅有一步之遥。

技术主义

第三种思维方式从规制工具主义的观点演变而来，具有鲜明的技术主义色彩。在回应"总得有法律来防止此事"这样的要求时，技术主义的思路不是起草新的法律规则，而是寻找技术上的

---

① European Commission, 'Digital Contracts for Europe: Unleashing the Potential of e-Commerce' COM (2015) 633 final, Brussels, p.7.

解决方案。乔舒亚·费尔菲尔德（Joshua Fairfield）在讨论在线消费合同中的不可协商条款和条件时很好地描绘了这一思维，他写道："如果法院［或者，我们也可以说，合同法的规则］不能保护消费者，那么机器人会保护消费者。"[①]

当然，在那些仍信守传统价值观或通过规则进行规制的共同体中，技术主义的思路和技术性解决方案可能会遇到一些阻力。例如，在美国，一项关于车辆设计的提案最终被拒绝，根据该设计，如果安全带没有被系好，汽车将无法移动。尽管美国交通部估计，上述联锁系统每年将挽救7000人的生命，并防止34万人受伤，但人们普遍反对这种技术手段。在全面审视了当时的立法辩论后，杰瑞·马肖（Jerry L. Mashaw）和大卫·哈夫斯特（David L. Harfst）评论道：

> 安全固然重要，但它并不总是压倒自由的价值。［在安全游说团体关于接种疫苗和为机器安装防护装置的呼吁声中，］自由斗士们所看到的恰恰是他们所憎恶的规制的危险性和进步主义的逻辑。私家车并非疾病或工作场所，也不是公共承运工具（common carrier）。对于1974年的国会来说，私家车就是一个私人空间。[②]

今天，类似的辩论可能发生于驾车者持续而危险地使用手机的问题上。正如我们在第1章中指出的，如果我们采用了技术主

[①] Joshua Fairfield, 'Smart Contracts, Bitcoin Bots, and Consumer Protection' 71 *Washington and Lee Law Review Online* 36, 39 (2014).

[②] Jerry L. Mashaw and David L. Harfst, *The Struggle for Auto Safety*, Cambridge, MA, Harvard University Press, 1990, p.140.

义的思路，也许我们可以寻求一种设计层面的解决方案，例如让手机在车内或在用户驾驶时无法使用。然而，一旦自动驾驶汽车解除了"驾驶员"的安全责任，问题似乎就会自行消失——惩罚驾驶时使用手机者的规定将变得多余；人们将只是简单地被汽车运送，之前的边打电话边开车问题将不复存在。

随着人工智能、机器学习和区块链的快速发展，一个将会变得越来越重要的问题是，一个共同体是否（以及如果是的话，在多大程度上）以其对规则治理而非技术管理的信奉（commitment）来区分自己。在一些规模较小的共同体或自律性组织中，人们可能会对技术主义方法产生抵制，因为通过技术手段来确保的守法会损害信任的环境——这可能是在某些商业共同体中发生的情形（自动执行的交易技术被人们拒绝）。或者，某一共同体可能更偏爱通过规则进行规制，因为规则（不同于技术措施）允许一些解释上的灵活性，或者因为该共同体重视通过公众参与来制定标准，并担心如果辩论变成技术主义的，将更难发动公众参与。

技术主义和融贯主义之间的区别很明显，前者不关心教义的完整性（doctrinal integrity），也不特别专注于恢复到不法行为之前的原状，但技术主义与规制工具主义的区别则不明显。对于规制工具主义者和技术主义者（technocrats）而言，法律都是被作为有目的的和具有政策导向的方式来看待。事实上，正如我们之前所说，技术主义的方法可以被视为规制工具主义的自然演变。在这两种思维模式中，关键是要选择最适合预期目的和政策的工具，而只要技术被用作旨在协助基于规则的监管事业的工具——就像我们在本书前面提到的盖特威克机场无人机和有害的在线内容的例子中那样——技术主义的方法就可以被视为规制工具主的一个分支。

尽管如此，一旦技术主义者们考虑采取光谱硬端的干预，他们的思路就会从基于规则的秩序转向基于技术管理的秩序，从对不法行为的纠正和惩罚转向对不法行为的预防和排除，从依赖规则和标准转向采用技术解决方案。这时，法律3.0本身可能也会面临压力——或者，至少，如果技术解决方案和技术管理成为默认策略，而不仅仅是与基于规则的方法一并考虑的备选方案的话，法律3.0可能面临较大的压力。

第 9 章

技术测试案例 I：机器人监护人的责任

约翰·弗兰克·韦弗（John Frank Weaver）在讨论机器人或使用和依赖机器人者的潜在责任时，提出了以下假设：

> 假设在日本福冈永旺梦乐城购物中心的机器人保姆正在负责任地照看着一个孩子，但孩子仍然设法跑出儿童区并绊倒了一位年长的女性。那么，父母是否应该对孩子的故意侵权行为负责呢？①

就上述具体事实而言，尤其是机器人正在"负责任地"（responsibly）照看着孩子，父母似乎是明显的被告。然而，如果有任何迹象表明机器人可能没有足够"负责任地"照看孩子，那么机器人本身或其所有者和控制人是否有可能需要承担责任呢？

---

① John Frank Weaver, *Robots Are People Too*, Santa Barbara, CA, Praeger, 2014, p.89.（中译本可参见〔美〕约翰·弗兰克·韦弗：《机器人是人吗？》，刘海安、徐铁英、向秦译，上海人民出版社 2018 年版。——译者注）

例如，在卡马森郡委员会诉路易斯案①中，一位幼儿园老师正在照看一名三岁儿童，但当另一名儿童摔倒并受伤时，这位老师的注意力被分散了。当老师照顾第二个孩子的时候，第一个孩子走出了校舍，穿过一扇敞开的大门，来到附近的一条公路上。一名卡车司机为了避免撞到孩子而突然扭转方向盘，最终卡车与电线杆相撞，司机死亡。卡车司机的遗孀提起了索赔的诉讼。在该案中，上议院（不同意下级法院的意见）认为幼儿园老师个人没有过错，她已经尽到了自己的职责。不过，上议院认为，郡委员会未能解释该儿童是如何能够离开学校的，而如果没有这样的解释，可以推定郡委员会未能采取合理的预防措施来防止一名无人看管的儿童离开学校并引发此类事故。

现在，想象一下，一个机器人在照顾孩子，而不是一个人类教师在照顾孩子。基于上述事实，对于机器人或依赖机器人来照顾幼儿园孩子的郡委员会来说，它们的责任如何呢？根据前几章的讨论，对这一问题的判定将取决于我们是从法律1.0、法律2.0还是法律3.0的角度来分析这一案件。

如果我们从法律1.0的角度来看待这种情况，我们将以融贯主义的方式来处理它。我们会询问机器人监护人是否类似于人类监护人；我们能否将机器人看作负有"个人"责任（'personally' responsible）或者"存在过错"（at fault）？如果不能，我们就遇到难题了。如果机器人不被当作人类对待，我们该如何对待它们？至于郡委员会可能承担的责任，问题则会简单一些。就像韦弗的假设中父母的责任一样，在矫正正义原则的指导下，我们会问：让郡委员会（或商场中的父母）负有赔偿受害方的责任是否

---

① *Carmarthenshire County Council v Lewis* (1955)：AC 549.

公平、公正和合理？

　　如果我们从法律2.0的角度来看待上述情况，我们的方法将是规制工具主义的。这里的思路将会是，在零售商（如购物中心的店铺）被许可引入机器人保姆以及父母被允许使用机器人保姆之前，需要有一个共同商定的赔偿方案，以应对可能出现的"岔子"。根据这一观点，父母的义务和责任将由商定的风险管理一揽子计划的条款决定。同样，规制工具主义者也希望评估在公立学校中依赖机器人监护人的风险和收益，然后确定可以接受的利益平衡（包括发生事故时可以接受的赔偿方案）。

　　如果我们从法律3.0的角度来看待上述情况，我们的方法也将是规制工具主义的，但会带上一重技术主义的维度。在法律3.0中，我们不仅考虑规则的适用性，还会考虑可能的技术解决方案。在学校里，技术上的解决方案可能只是保持大门紧锁（在这个案例中，对此有相当多的讨论）。在购物中心，人们则可能提出各种各样的技术管理措施——也许可以在看护区边缘设置一道看不见的"篱笆"，这样孩子们就不会走出去。然而，以这种方式思考上述难题，考虑的问题将完全是如何设计机器和空间从而使儿童和逛商场的人之间或学生和过往车辆之间不会发生碰撞。

　　在我们离开卡马森郡委员会诉路易斯一案的场景之前，请想象一个进一步的情节变化。假如这辆卡车不是由人来驾驶的，而是完全自动的，并且一旦存在与人相撞的风险，它将会自动转弯；现在，让我们假设，索赔是由一名乘客的遗孀提出的，该乘客当时在车里，但并未驾驶。对于这种情况，我们将如何评判？

　　对于许多人来说，主要的讨论点是：机动车是否应该通过编程设定为了挽救儿童的生命而以可能牺牲车内乘客的生命为代价。事实上，自动驾驶汽车的发展所产生的主要问题之一就是这一类型的伦理困境。让我们假设，共同体已经就伦理问题展开了辩论，就标准设计达成了一致意见，并且案例中的车辆具有应对此类情况的标准编码。那么，我们将如何判定这一情形下的法律责任问题呢？

根据乔纳森·摩根（Jonathan Morgan）的说法：

> 从行业角度来看，法律责任可以说是创新的制造商最关心的问题。激烈冲突的利益以尖锐的形式引发了侵权法和技术的经典困境：如何协调减少事故数量［威慑］和赔偿受害者与鼓励对社会有益的创新之间的关系？不足为奇的是，有人呼吁更严格的责任［为前一目标服务］和豁免［从而促进创新］。但是，在尚未进行任何激进的立法改革的情况下，现有的侵权法原则仍将适用——因为没有更好的选择。[①]

这显然是对的。正如我们所说的那样，如果对新兴技术的规制是在立法的场景中提出，风险管理的方法很可能会是主要方案，监管者将努力兼顾不同的利益，包括在有益的创新中的利益、被管理在可接受的水平上的风险中的利益，等等。这将是一种法律2.0的对话。此外，如果这一问题出现在法院的场景中，则诉讼当事人和法官更有可能进行关于疏忽与过错的融贯主义的对话，尽管如摩根所观察到的那样，普通法中通过现有类型进行类推推理的技艺（technique）远不是"常识"，而是"令人困惑

---

① Jonathan Morgan, 'Torts and Technology,' in Roger Brownsword, Eloise Scotford, and Karen Yeung (eds), *The Oxford Handbook of Law, Regulation and Technology*, Oxford, Oxford University Press, 2017, 537.

的"（obfuscatory）。①

综上所述，我们可以得出的第一个初步结论是，当我们试图以法律1.0的融贯主义方式来将判断人类驾驶员是否存在疏忽的原则应用于无人控制的车辆相关的责任问题时，我们发现与自动驾驶车辆相关的法律令人费解也就不足为奇了。也许我们是在问一个错误的问题。

第二，如果责任问题在法庭上被讨论，法官（像融贯主义者一样推理）将尝试将合理谨慎标准的理念应用于非常复杂的技术故障的责任。例如，假设在发生了两起涉及波音737 MAX飞机的悲惨坠机事件后，一位法官试图判定飞行员（在他们与技术的互动中）是否存在谨慎义务的疏忽，抑或是飞机上所安装的独特的机动特性增强（MCAS）自动飞行控制系统存在设计方面的疏忽，并面临着判断上的困难。在某些情况下，法官可能会判断遵循标准设计是否被认为是足够的，但在最前沿的技术领域，可能并没有所谓的"标准"，因而需要调查制造商是否"负责任地"行事——至少可以说，这不是一个容易的问题。

第三，如果监管者在立法的场景中以风险管理的思路来处理责任和赔偿问题，他们就不需要去追究过失问题。相反，监管者所面临的挑战将是阐明最可接受（且在财务上可行）的补偿安排，以兼顾到交通创新的利益和乘客与行人安全方面的利益。例如，一项建议是，应该设立一个自动驾驶车辆事故受害者的赔偿

---

① Jonathan Morgan, 'Torts and Technology,' in Roger Brownsword, Eloise Scotford, and Karen Yeung (eds), *The Oxford Handbook of Law, Regulation and Technology*, Oxford, Oxford University Press, 2017, 539.

基金，该基金来源为此类车辆的销售税。[①] 当然，与任何类似的无过错赔偿计划一样，核心问题都在于细节的安排——例如，关于赔偿水平、是否向受害者提供侵权索赔的选择权以及该计划涵盖了何种伤害或损失，都是一些需要解决的重要问题。

第四，正如摩根所说，确定自动驾驶汽车责任安排的更好方法不是通过诉讼，而是"由监管机构在充分的民主讨论后公开作出相关公共政策选择，这些讨论包括允许和鼓励哪些机器人应用程序，限制和禁止哪些应用程序"[②]。

在更普遍的意义上来说，重要的是共同体要提出正确的问题，并理解以下两点：首先，融贯性的框架与规制工具主义的框架存在很大不同；其次，技术解决方案的可用性引发我们不仅去反思是否可能对责任规则作出一些调整，而且要反思这些规则是否真的有必要存在（这也是法律 3.0 的典型特征）。

[①] Tracy Pearl, 'Compensation at the Crossroads: Autonomous Vehicles and Alternative Victim Compensation Schemes' 60 *William and Mary Law Review* 1827 (2018).

[②] Jonathan Morgan, 'Torts and Technology,' in Roger Brownsword, Eloise Scotford, and Karen Yeung (eds), *The Oxford Handbook of Law, Regulation and Technology*, Oxford, Oxford University Press, 2017, 539.

第 10 章

技术测试案例 II：智慧商店、代码法与合同法

当我们在第 2 章讨论"书世界"时，我们提到了（同样也是虚构的）全自动书店（Fully Automated Bookstore）。在全自动书店里，一系列技术被嵌入店铺的架构（architecture）中：当客户进入书店时，他们被识别，他们所选择的书籍被逐项列出并显示在购物篮中；当客户离开时，购书款从客户的账户中扣除。经由上述无缝衔接的过程，借助于无形的技术，交易的性能得到了保证。我们可能想知道，合同法规则——也就是关于合同订立、合同条款和条件、违约和补救措施的规则——对在全自动书店处理的交易有什么作用或相关性？

如果打算在全自动书店购买书籍的客户首先必须签订一个主协议，其中规定全自动书店的使用条款和条件（即规则），那么我们就不需要每次顾客在书店购买书籍时都寻找合同；事实上，主协议就是双方所签订的合同。如果在购买过程中出现错误或问题，双方的权利和补救措施将受主协议管辖。合同法仍然适用于全自动书店的交易，但不是以我们目前的方式来适用。

尽管如此，如果没有这样的主协议，或者如果全自动书店的

条款和条件（或自动化书店的业务守则）不能充分保护消费者的权益，那么可能需要有一种定制的规制干预，一个为此类交易确立标准规则的立法框架。尽管合同法不再是治理该交易的工具，但法律的代码/成文法规范（the code of law）[①] 仍然管理着全自动书店的交易（尽管是以法律 2.0 的规制形式）。我们可能没有合同法的规则，但更一般性的法治（Rule of Law）仍然存在。

然而，就某些技术而言，我们可以预见，法律规范会受到技术操作的挑战。例如，知识产权法的法典可能会受到用于数字权利管理的技术的挑战（见第 7 章）。在这里，数字产品的编码可能反映了知识产权持有者与产品终端用户之间的利益重新平衡，这种重新平衡有利于前者，而超出和超越（over and above）了法律规范（legal code）所能接受的范围。同样，有一种观点认为，基于区块链的智能合约可能通过编码而产生合同法（或任何成文法规范）**不会**产生的结果（或付款）。换言之，这一观点认为可能有两个宇宙、两种逻辑、两类代码（codes）在并行运行，并可能相互冲突。这是本章将要考虑的主要问题。

不安的共存

在对区块链及其多种应用的深入讨论中，凯伦·杨（Karen Yeung）强调了法律界（和法治）可能与区块链界（和代码规则）相关联的三种方式。第一，当区块链界挑战法律界的权威时，可

[①] 此处的"code of law"系一语双关，既指"法律的代码""法律规范"，也有"法典""成文法规范"之意。在英美普通法系国家，合同法系典型的普通法和判例法，不同于"成文法规范"。但广义上的"code of law"作为"法律规范"，可以囊括普通法和成文法，都属于法治（Rule of Law），与下文的"代码之治"/"代码规则"（rule of code）相对应。——译者注

以预料的是，由于法律界努力主张其最高权威，这种关系将是对抗性的；技术代码将面临服从法律规范（legal code）的压力。第二，当技术在配合或补充法律时，二者的关系将是积极的和支持性的。第三，当技术代表着法律的替代性方案时（在某种程度上是"竞争性"而不是冲突性的），它们的关系就更加复杂和更难预测。就第三种情况而言，杨认为，这种关系可能是一种"不安的共存"（uneasy coexistence），其特点是"相互猜疑"。[1]

法律界和区块链界之间的不安的共存的前景引发了关于合同法和自动化交易技术（包括基于区块链技术而运行的所谓智能合约应用程序）之间关系的问题。从表面上看，当使用这些交易技术时，代码规则与法律的关系将是上述第三种，即不安的共存。因为这些技术并非为了直接挑战法律权威或仅仅是为了补充现有法律而设计的，而是为了给交易双方一种执行交易的选择，作为采取诉诸法院途径的替代方案。

然而，如果法律界（遵循合同法）和区块链界（遵循智能合约的编码）按照各自的逻辑运作，那么交易的法律视角和技术视角则可能缺乏一致性。如果出现这种缺乏一致性的情况，那么问题就是，它是否会被视为有问题的（problematic）；如果是的话，为什么会这样，以及法院（以法律1.0的方式看待这一问题）会如何回应。

---

[1] Karen Yeung, 'Regulation by Blockchain: The Emerging Battle for Supremacy between the Code of Law and Code as Law' 82 *Modern Law Review* 207, 210 (2019).

缺乏一致性

粗略地说，从法律1.0的角度看，一些缺乏一致性的例子可能本身并不被认为有问题，另一些可能被认为有可能（arguably）存在问题，还有一些可能被认为明显有问题。法院如何回应则是另一个问题。

例如，合同法对第三方受益人的诉讼主张的强制执行存在限制性规则，而智能合约（或其他一些自动化程序）可能会将价值转移给第三方，对此，合同法（以及法院）没有介入。或者，智能合约的编码可能支持特定的补救性付款（remedial payments），而不同于合同法关于公平和适当的赔偿性损害赔偿金的默认方式（见第3章）。在这种情况下，如果一方当事人要求法院使技术产生的效果符合合同法的原则（以恢复一致性），法院可能会拒绝这样做，理由可能是它认为这一偏离本身不成为问题，法院也可能认为双方当事人已经选择让其交易遵循一套不同的（但被允许的）技术规范。

此外，某些缺乏一致性的案件几乎肯定会被认为是有问题的，特别是在人们认为技术的效果违反公共政策的情况下。例如，长期以来，作为普通法的合同法的一项原则是，不应强制执行具有"惩罚"（penal）性质的条款。根据最高法院在卡文迪什广场控股公司案①的判决，关键问题是，依赖所谓的惩罚性条款的一方是否对此拥有合法利益，以及该条款与该利益是否合比例。将这一测试适用于标准法定合同（fiat contracts）的条款并不完全明确（straightforward），当智能合约的条款与加密货币相

---

① *Cavendish Square Holding BV v Talal El Makdessi*（2015）：UKSC 67.

关联，而加密货币（就像比特币的情况一样）受到异常波动的影响，该法律测试的适用可能更不明确。然而，如果当智能合约的效应被质疑为具有惩罚性时法院拒绝作出裁判，那将会是令人惊讶的；如果法院认为这种效应确实是惩罚性的，而法院却不作出适当的命令以禁止该支付，同样会是令人惊讶的。

公共政策也推动了现代消费合同法背后的规制思维。在这方面，需要思考以下场景：如果消费者违反了合同中的某些限制（例如，关于货物或服务可能的使用目的，或者关于在何处或何时使用这些货物或服务），而技术将直接禁止对货物或服务的使用，这时法院可能会如何回应。在这种情况下，如果个人消费者或代表机构依据2015年《消费者权利法案》（Consumer Rights Act 2015，简称"CRA"）中关于不公平条款的规定提起诉讼，法院会如何回应呢？尽管一个秉持融贯性思维的法院可能会以该交易不符合《消费者权利法案》意义上的"合同"为由而驳回案件，但更有可能的是，法院会认为这是一个缺乏一致性的问题。这就引出了一个问题，即公共政策是否要保护所有与经销商进行各种被允许的交易的消费者，无论这些交易采取线下、在线、智能的还是其他方式。如果是这样，《消费者权利法案》中的保护措施就应该适用。此外，即使该法案的附表中没有任何一条不公平条款完全符合该案件，但技术效果的不对称性质，加上其潜在的不公平性和缺乏合比例性，很可能会说服法院采取保护行动。①

也许，缺乏一致性的问题最明显的例子发生在技术便利了非

---

① 请与下文观点进行比较：Mateja Durovic and André Janssen, Formation of Smart Contracts under Contract Law, in Larry di Matteo, Michel Cannarsa, and Cristina Poncibò（eds）, *The Cambridge Handbook of Smart Contracts, Blockchain Technology and Digital Platforms*, Cambridge, Cambridge University Press, 2019, p.61.

法交易之时。早在交易技术带来不一致问题的很久之前，曼斯菲尔德勋爵（Lord Mansfield）就在著名的霍尔曼诉约翰逊案中评论道："任何法院都不应该帮助一个将其诉讼理由建立在不道德或不合法的（illegal）行为基础上的人。"① 从表面上理解这一原则，我们会期待法院至少会拒绝协助那些将交易作为实现不道德或不合法目的的工具的诉讼当事人，无论该交易是法定合同还是智能合约，均应如此。

例如，假设 A 雇用杀手 B 以约定的价格杀死 C。该合同通过一项技术来执行，该技术不仅隐藏了 A 和 B 的身份，而且在 C 被杀死后会自动将约定的费用转移给 B。我认为这样的结果不应该获得合同法的认可，法院（至少）不应该鼓励这种非法活动。然而，如果这项技术让 B 在杀死 C 之前就获得了报酬，但 B 却并没有杀死 C 呢？法院应该协助 A 追回支付给 B 的款项吗？作为一般原则，融贯主义者可能会认为法院不应为 A 或 B 提供任何帮助。然而，在最近的判例法中，尤其是帕特尔诉米尔扎案②和 DC Merwestone 案③这两个案件中，我们发现最高法院采取了某种微妙的方法。最高法院称，存在严重的（和内在的）非法行为/交易，也存在一般性的非法行为/交易，有些谎言比其他谎言更具实质性。我们不是通过一般性的规则，而是转向了对公平和比例原则敏感的个案审查，但这种方法在本质上仍然是融贯主义的。

然而，可以说，依靠融贯性原则并不是解决非法合同案件可

---

① *Holman v Johnson*（1775）：1 Cowp 341，343.
② *Patel v Mirza*（2016）：UKSC 42.
③ *DC Merwestone*（2016）：*Versloot Dredging BV and anr v HDI Gerling Industrie Versicherung AG and ors*［2016］UKSC 45.

能引起的问题的正确方法。事实上，我们的方法应该更多地朝着规制的方向，更多地采用法律 2.0 的方式。例如，设想一项旨在保护租户免受贪婪房东盘剥的立法条款，该条款将房东向租户收取"辅助"费用的行为认定为刑事犯罪。然而，关于房东和房客之间就目前禁止的收费所达成的协议是否可以强制执行的问题，该立法没有作出规定。显然，尽管立法保持了沉默，但没有法院会考虑命令承租人向房东支付违禁款项。同样，如果法院拒绝协助承租人向业主追回违禁款项，而认为这是在帮助非法合同一方当事人，这同样不符合监管政策。

在帕特尔诉米尔扎案中，纽伯格勋爵（Lord Neuberger）——其意见是该案司法观点中最具代表性的——通过多次指出相关法律是"基于政策"的，暗示了一种更具规制导向的方法（第 161 段）。然而，尚不完全清楚这是谁的政策（司法政策还是立法政策），或者依赖的是哪项政策。特别是，人们似乎认为，一般来说，将非法交易的各方恢复到他们**之前的**状态是一项好政策。根据这一政策，可以说没有理由让交易的一方以牺牲另一方的利益为代价而获利。然而，如果这些当事人在该违禁交易中是互相串通的，法律为何要对当事人之间的不公平之处予以纠正呢？无论是否涉及智能合约，为什么不能简单地认为双方在进行此类交易时完全自行承担风险呢？

关于不一致的问题，我们能得出的结论是什么？第一，当合同法本身也处于不断变化的状态时，那么可能不清楚技术效果是否与法律规范（code of law）不一致。第二，如果技术效果与法律规范明显不一致，可能也不会被认为有问题，法院可能会拒绝支持要求恢复一致性的一方。第三，即使在技术效果明显不一致且存在问题的情况下，秉持融贯性思维的法院在执行公共政策方面会发挥多大程度的作用，仍有待观察。至于不安的共存本身，我们应该提醒自己，无论（法律 1.0 下的）法律效果和技术效果之间可能存在什么样的不安的共存，这些都在法律 2.0 中作为政策问题而直接被解决了，而在法律 3.0 中它们被通过技术主义的思路融合在一起并"内化"（internalised）了。

第 11 章
伊斯特布鲁克与"马法"

大约 25 年前,一群"网络法"的热烈支持者在芝加哥的一次会议上相聚。这是首次召开这一类型的会议。然而,回顾这次会议并不是因为这些网络法学者的创新性贡献,而是因为弗兰克·伊斯特布鲁克(Frank Easterbrook)法官出人意料的保守介入(intervention)。[1]

伊斯特布鲁克认为,"学习适用于专业领域的法律的最佳方式是学习一般性规则",他声称,"网络空间法"(Law of Cyberspace)课程就像"马的法律"(The Law of the Horse)的课程一样,是理解错误且没有启发性的。这将是"肤浅的",并将"错过统一的原则"。[2]伊斯特布鲁克认为,更好的方法是:

> 学习财产法、侵权法、商业交易等课程……[因为只有]把马的法律放在商业活动的更广泛的规则之背景下,才

---

[1] Frank H. Easterbrook, 'Cyberspace and the Law of the Horse' 1996 *University of Chicago Legal Forum* 207 (1996).

[2] Ibid.

能真正理解关于马的**法律**。①

然而，网络空间法是一匹注定要脱缰的马。尽管伊斯特布鲁克提出了上述疑问，但关于"网络法""互联网法"或"电子商务法"等的课程和教材比比皆是，很少有人会否认这些课程和教材的知识完整性和教学意义。同样，专门研究网络法（或更为一般性的法律与技术）的研究中心如雨后春笋般涌现，它们被视为法律学术的前沿阵地。

尽管如此，伊斯特布鲁克错了吗？如果是的话，他到底错在哪里？鉴于之前对法律1.0经由法律2.0而演变到法律3.0的过程的考察，很显然，伊斯特布鲁克的理论基础是，法律1.0是起作用的范式。然而，法律1.0并不是1996年的运作范式，当然更不是今天的运作范式。

在1996年，网络法仍处于形成阶段，一系列法律问题正在法院进行检验——例如，发表诽谤性在线内容的当事人应承担何种法律责任，以及关于准据法和法院管辖权的法律冲突问题。事实上，一个关于"热缩塑料包"（shrink wrap）许可证和软件合同的条款通知的早期案件——ProCD v Zeidenberg② 就是由伊斯特布鲁克亲自审理的。在这个案例中，所进行的对话确实符合伊斯特布鲁克的立场，是关于适用相关法律领域的现有一般原则。一个分立出来的"网络空间法"尚未出现。然而，不久之后，针对电子商务、互联网内容（以及互联网服务提供商或其他中介机构的责任）、网络犯罪、在线隐私等的定制化法律就部署到位了

---

① Frank H. Easterbrook, 'Cyberspace and the Law of the Horse' 1996 *University of Chicago Legal Forum* 207, 208 (1996).

② *ProCD Inc v Zeidenberg* 86 F 3d 1447 (7th Cir. 1996).

（在欧洲尤为明显）。这些法律与伊斯特布鲁克心目中的一般性法律原则截然不同，它们是由规制工具主义思维塑造出来的。简而言之，伊斯特布鲁克似乎认为管理网络空间的法律是法律1.0，而实际上很快就显而易见的是，相关的法律大体上属于法律2.0。

伊斯特布鲁克介入以来25年的历史表明，他似乎没有把握到技术颠覆法律的程度。伊斯特布鲁克不仅没有预见到许多即将出台的网络空间法的监管思路，而且也没有预见到法律可能将网络技术既作为规制对象（被规制的技术），也作为规制工具（被监管机构使用的技术）。换言之，伊斯特布鲁克没有预见到法律2.0在不久的将来会出现，也没有预见到法律3.0会在之后出现。

诚然，事后诸葛亮总比先见之明来得容易。然而，伊斯特布鲁克确实错了。回顾过去，他的判断失误与其说是因循着融贯性思维，不如说是低估了技术对法律的颠覆性影响，同时高估了一般性原则的灵活性（在这里，我们或许还可以对第1章中提到的英国司法工作组的评估提出质疑）。如果我们要"真正理解**法律**"，那么就必须走出法律1.0的思维模式。只有这样，才有可能认识到新技术的颠覆程度，同时也认识到法律秩序的重要性。

总之，伊斯特布鲁克的方法所存在的问题是，它否认了颠覆的存在。虽然这在马的时代可能是合适的，但在颠覆性的网络技术的时代却是完全不合适的。在这样一个时代，我们需要重新构想法律的兴趣领域。

PART TWO

第二部分

重新构想法律

第 12 章
法律作为规制环境中的一个要素

如果法律3.0代表着我们未来的规制趋势，那么我们需要按下重置按钮。我们需要重新构想法律。作为第一步，我们应该通过运用规制环境的概念来拓宽法律研究的领域，这里所说的规制环境既包括规范性的基于规则的方法，也包括非规范性的技术主义方法。至关重要的是，我们必须在一个不再局限于由规则或规范所引导的规制环境中重新构想法律，从而矫正对法律1.0的执迷。换句话说，我们必须为法律3.0的技术主义维度创造空间。

这样的一种规制环境会是什么样子？一个著名的例子是，克利福德·希林（Clifford Shearing）和菲利普·斯滕宁（Phillip Stenning）强调了在迪士尼乐园中，在不同站点运送游客的车辆发挥了关卡（限制游客进入其他区域）的功能。[1]然而，如今，主题公园不再是一个特例。我们在许多日常环境中都发现了类似的规制环境，除了熟悉的法律、法规和规章外，还有技术管理的迹

---

[1] Clifford Shearing and Phillip Stenning, 'From the Panopticon to Disney World: The Development of Discipline,' in Anthony N. Doob and Edward L. Greenspan (eds), *Perspectives in Criminal Law: Essays in Honour of John LL. J. Edwards*, Toronto, Canada Law Book, 1985, 335.

象——例如，这样的混合环境存在于空调和照明设备自动运行的家和办公室中，也存在于客房层只能通过电梯到达的酒店（当电梯不能使用时，房间只能在使用安全钥匙卡的情况下才能进入），或许最为典型的例子是我们在机场看到的地理学家所称的"代码/空间"（code/space）。

当我们进入一个现代化的航站楼时，一方面需要遵守许多机场规则，例如关于停车、楼内禁止吸烟或者让行李处于无人看管状态等的各种规则，另一方面，航站楼本身是一个独特的建筑/架构（architecture），它创建了一条从到达（arrival）和办理登机手续（check-in）到出发（departures）和登机（boarding）的物理轨道。沿着这条轨道，会经过一个密布着识别和监视技术设备的"入境安检区"，乘客除了通过这一区域外别无选择。此外，如果我们不幸地在到达候机室之后却发现没有飞机可以登机，我们很快就会发现，没有一条简单的路径可以让我们直接返回到达区并离开大楼；机场的通道被设计为单向的，乘客只能从到达区前往出发区，而不能反方向而行。在这种架构与监控和识别技术的结合中，我们看到了机场规制环境的非规范层面——事实上，如果我们想登机，除了遵循通过技术所管理的轨道之外，我们别无其他可行的选择。

同样，如果我们想在Amazon Go商店[①]购物，除了让自己置身于此类商店的技术管理环境之外，我们别无选择；当然，如果我们通过互联网访问亚马逊网站（Amazon）或任何其他平台，也需要同时遵守特定的访问条款条件以及网站中嵌入的任何技术特性。无须多说，这显然不同于如下的法律1.0问题，即尽管早

[①] Amazon Go是亚马逊推出的无人便利店。——译者注

期自助商店的布局和设计不同于传统的柜台前交易模式，但合同要约与承诺的认定问题继续困扰着我们。

如果我们将规制环境看作在本质上是一个发出信号和作出引导的环境，那么每个这样的环境都有一套独特的规制信号，这些信号旨在引导被监管者在受规制的可能性范围内行动。当然，技术的好处之一是可以拓展我们的可能性；没有飞机，我们就不能飞行。然而，我们正在考虑的技术管理（technological management）的鲜明特点在于，其限制或减少了现有的人类可能性（尽管在某些情况下，这种限制是为了获得新的可能性）。换言之，规范性的规制方式所针对的是具有可能性且继续存在着可能性的行动，而技术管理则作用于可能性的范围，其作用方式是调整规制空间的结构，从而重新定义什么是可能的和不可能的。

非常重要的一点是，我们需要了解，法律3.0所考虑的技术措施是多种多样的。它们包括产品的设计（如我们将在第14章中介绍的高尔夫球车，或计算机硬件和软件，或代替现金的数字支付）和流程的设计（如车辆的自动化生产和自动驾驶，或者消费品和服务的提供）、场所的设计（如地铁、主题公园和机场）和空间的设计（尤其是网络在线空间），以及（在未来还包括）人的设计。通常，采取这些技术措施的目的是管理某些类型的风险，而采用的方法则是排除（a）在没有采取技术措施的情况下，某些行动只受规则规制的可能性，或（b）在没有采取技术措施的情况下，人类能动主体有可能被卷入受规制活动的情况，既包括行为人作为违反规则者的情况，也包括行为人作为违规行为的无辜受害者的情况。此外，公共监管机构和私人自律机构都可能采用技术管理，后者的例子是保护其知识产权的公司或保护其商品和手推车的超市。

概略地说，在使用技术管理作为一种规制选项时，可以通过以下描述来呈现这一过程：

- 让我们假设，监管机构对于被监管者是否应该被要求、被允许或者被禁止做某事，存在某一种观点（基本的规范性观点）。
- 监管机构的观点可以通过要求、允许或禁止做某事的规则（基本规则）的形式表达出来。
- 但监管机构决定采用（或指示他人采用）技术管理而不是规则的方式。
- 监管机构这样做的意图是将基本的规范性观点转化为实际的设计，以确保被监管者（根据基本规则）做或不做某事。
- 随之而来的结果是，被监管者发现自己身处这样的一种环境中：即时信号告诉人们能够做什么和不能做什么、什么是可能的和不可能的，而不是像基本的规范性调整模式那样，告诉人们应该做什么和不应该做什么。

然而，这种描述具有高度的概略性，而且这一过程在实践中究竟意味着什么——特别是该过程的透明度有多高，关于基本的规范性观点以及技术性措施的争议有多大——将会因背景的不同而不同，因公共监管机构和私人自律机构不同而不同，因不同的公共监管机构而不同，因不同的私人自律机构而不同。

还应强调的是，硬端的技术措施的目标是通过控制留给被监管者的实际选项来取代规则。换句话说，技术管理超越了支持规则的技术性帮助。当然，监管机构可能首先求助于支持这些规则的技术工具。例如，为了阻止入店行窃，监管机构可能会要求或鼓励零售商店安装监视和识别的技术装置，或安装在有人携带未付款商品通过出口时发出警报的技术装置。然而，这还不是全面的技术管理。一旦技术管理全面实施，购物者将会发现，如果没有为商品买单的话，根本就不可能带走商品。

最后，为了避免任何误解，需要澄清的是，规制环境的基于规则的（规范的）层面应该是广泛和包容的。法律所处其中的规范背景远远超出了正式的法律规则（见第 25 章），这反映在关于正式法律规则与非正式规范和代码（即所谓的"活的法律"）共存和相互作用的大量文献中。我们当然不想省略其中的任何一项。相反，法律 3.0 所反映的是为监管目的而使用技术工具，以及规则和非规则工具的共存不仅存在于监管工具箱中，也存在于被监管者的日常经验中。因此，我们需要将规制环境设想为包括正式和非正式的规范性代码以及非规范性的技术工具和代码。法律 3.0 不仅仅是一种特定的技术主义的推理模式，它还是一种代码和对话并存的状态。

―― 第 13 章 ――

绘制规制环境的地图

在我们之前虚构的"书世界"书店的故事中,重塑商业模式的压力主要是经济方面的:除非"书世界"作出改变,否则它将不再具有竞争力。然而,为什么法学家应该重新构想法律呢?如果他们的兴趣纯粹是教义性的(doctrinal),如果他们的思维方式纯粹是法律1.0的,那么法学家可以继续对他们的传统谜题进行探究。然而,在技术管理取代规则成为所选择的规制工具的领域和范围内,传统的法律学术失去了相关性。就像那些已经无人使用的语言的专家一样,秉持融贯主义的法学家(步伊斯特布鲁克的后尘)将会是那些在实践中绝迹的社会秩序或争议形式的专家。此外,如果法学家希望能够对关于特定形式的社会秩序或特定权力行使的合法性的辩论作出贡献,那么,他们就需要超越法律1.0的融贯性思考,并且需要将法律重新构想为更大权力构造中的一个要素。

规制环境的总图

需要承认的是,法学家具有不同的认知兴趣和重点。尽管如此，我们还是可以通过两组特征来描绘出这一被重构的领域的通用地图。首先，该地图应指明正在使用的措施或工具的类型；其次，该地图应指出这些措施或工具的来源是公共的（通常是自上而下的）还是私人的（通常是自下而上的）。

利用第一个指标，该地图应该告诉我们特定的规制环境或特定的规制空间是由规则还是由非规则的技术构成的（或者，实际上是由规则和非规则的技术的某种组合构成的）。被规则所规制的地带是我们所熟悉的领域，有几个世纪的法学理论思考在帮助我们。然而，在非规则的技术发挥作用的地方，情况就完全不同了。正如希拉·贾萨诺夫（Sheila Jasanoff）所言，尽管

> 技术体系在安排和治理社会的力量上堪与宪法和法律相匹敌……却没有一套如同数百年来的法律和政治理论那样系统的思想体系，来阐明运用技术来统治我们的那些原则。[1]

因此，一旦我们有了最为通用的地图，就可以开始绘制一张帮助我们重新构想法律，尤其是非规则的技术也在其中发挥作用的地图。

我们的通用地图还应该告诉我们所采取的措施的来源是公共的（通常是自上而下的）还是私人的（通常是自下而上的）——换句话说，监管者是公共的还是私人的。在许多传统的法学学术中，研究的重点是公共立法机构所颁布的规则。正如其批评者所反对的那样，这一关注忽视了私人机构的规则制定活动。然而，即使关注的范围有所扩大，我们仍然假定我们是在被规则治理的

---

[1] Sheila Jasanoff, *The Ethics of Invention*, New York, W.W. Norton, 2016, pp. 9-10.

领域内行动。一旦我们进入非规则的技术运用其中的规制空间，我们就进入了一个总体来说在地图上未标明的领域。即便如此，如果我们没有想到了解这些技术是由公共监管机构还是私人监管机构发起和控制这一问题的重要性的话，结果将是令人惊讶的。

尽管如此，必须承认的是，公私之间的区别是众所周知地充满争议的，自上而下和自下而上的规制之间的区别既过于粗略又远远不够详尽。例如，自上而下的政府监管机构可能会寻求非政府中介机构（如互联网服务提供商或平台提供商）的协助，或者它们可能会采取一种合作规制的方法，为被监管机构设定总体目标，但让它们决定如何最好地遵守。随着新技术不断占据和颠覆着规制空间，监管机构需要重新思考如何进行最佳监管。正如阿尔伯特·林（Albert Lin）在分析新兴的分布式创新技术（如DIYbio①、3D打印和共享经济平台）时所说，这些新形式的动态活动"让传统监管堪忧"。②林在回应时认为，事实证明"分布式创新的治理……必须是分布式的和创新的"③。没有一体适用的方法，最可接受和最有实效的规制环境可能既包含了自上而下的要素，也包含了自下而上的要素，以及这两种方法以外的要素。

然而，作为重新构想规制空间的第一步，我们可以沿着两条假想的轴线来进行。在一条轴上，所显示的是对规则的依赖和对技术的依赖之间的平衡，而在另一条轴中，所显示的是监管干预在多大程度上是公开和自上而下的，或是私人和自下而上的。

---

① DIYbio，又称为"生物DIY""自己动手的生物学"，其理念是把生物技术带出实验室，打破常规实验室的限制，在不同环境下创新发展生物技术。——译者注

② Albert C. Lin,'Herding Cats: Governing Distributed Innovation'96 *North Carolina Law Review* 945，965（2018）.

③ Ibid.，1011.

技术措施的详细地图

一旦我们进入被非规则的技术措施所规制的领域，我们应该如何把握方向？我认为，我们的地图应该作出两点标识：首先，该技术措施的性质是什么（具体来说，它位于软干预和硬干预的光谱上的什么位置）；其次，干预措施作用的地点（具体来说，它位于外在于人类能动主体和内在于人类能动主体的光谱中的什么位置）。

就第一个标识而言，我们可以区分两类不同的技术措施：第一类是仅仅支持现有的规则或者为决策提供辅助或咨询的技术措施；第二类则是那些旨在消除或改变能动主体的某些实际选择的技术管理措施。例如，在刑事司法系统中使用监视和识别技术可能只是支持了刑法的规则实施；在警务实践和刑事司法决策中使用人工智能可能只是起到了辅助和咨询作用（与第21章比较）。与之形成对比的是，如果不系安全带就导致车辆无法启动的话，我们就进入了全面的技术管理。

十几年前，米雷尔·希尔德布兰特（Mireille Hildebrandt）区分了"调节性"（regulative）和"构成性"（constitutive）的技术特征。[①] 前者是辅助性或咨询性的技术应用，后者则代表了全面的技术管理。为了对此进行示例，希尔德布兰特邀请读者想象一处配有智能电表的住宅：

> 人们可以想象一处智能住宅，它能够在能源消耗达到某

---

① Mireille Hildebrandt, 'Legal and Technological Normativity: More (and Less) Than Twin Sisters' 12.3 *TECHNE* 169 (2008).

个阈值后自动降低能耗，关闭空房间的灯以及在当天余下的时间里阻止洗衣机的使用。这种干预［属于"构成性"技术干预］可能由全国或地方的立法者或负责环境保护的政府机构设计，并由供电公司来实施。另一种可能是［这里属于"调节性"技术干预的情况］，住户可以被赋权以这种方式对其智能住宅进行编程和设计。还有一种可能是［这里同样属于"调节性"技术干预］，在智能寓所中到处安装着实时显示器，随时向住户告知其在烹饪、阅读、淋浴、供暖、保持冰箱正常运行以及使用割草机时所消耗的电量。这样，住户就能以非常实际的方式意识到他们的能源消耗情况，同时实时了解他们的行为对生态效率不断提升的状况，从而有机会改变自己的习惯。①

类似地，帕特·奥马利（Pat O'Malley）基于对机动车辆速度的规制，在一个从"软"到"硬"的光谱上绘制了不同程度的技术控制的图表：

> 在这类技术的"软"版本中，警告装置会通知驾驶员他们正在超过限速或正在接近改变了的交通管制条件，但也有逐渐加强的版本。如果驾驶员忽视警告，技术系统将会随时计算超速程度以及超速行驶的距离［这些可能被视为额外的风险因素，从而属于违法行为的加重情节］，并将数据直接传输到中央登记处。最后，通过对汽车制动系统或加速装置的远程调节，汽车将无法启动或被施加速度限制，这就实现

---

① Mireille Hildebrandt, 'Legal and Technological Normativity: More (and Less) Than Twin Sisters' 12.3 *TECHNE* 174 (2008).

了从完美检测到完美预防的飞跃。①

因此，无论我们考虑的是智能汽车、智能住宅还是智能的规制方式，都需要对规制环境作用于被监管者的方式保持敏感：规制环境是否向被监管者发出信号，要求他们以特定方式行事？抑或是，规制的技术将某种行为模式强加给了被监管者，而不管他们是否也会主动选择以技术强行要求他们的方式来行动。

在这一光谱上的所有位置，无论技术工具仅仅是咨询和辅助性的，还是成为一种"助推"（同样存在从软到硬的范围），抑或已经成为一种全面的技术管理措施，我们都需要对技术措施的特殊性质的重要意义保持敏感。

这将我们带到第二个具体标识，即干预的确切地点（locus）。在大多数情况下，我们的假设是，技术工具被嵌入人类能动主体所在的或与之互动的地方和空间。因此，我们会区分通过技术来管理的区域和受规则治理的区域。然而，智能的便携式或可穿戴设备以及许多其他智能产品（如自动驾驶汽车）的普及表明，相关规制技术的特征与其说是人类能动主体进入的区域，不如说是人类能动主体的扩展和延伸。不过，我们可能会坚持认为这些技术工具仍然是外在于能动主体的。然而，随着各种增强现实技术和人体植入物的发展，外部和内部位置之间的界限变得越来越难以维持。正如富兰克林·弗尔（Franklin Foer）所言，"谷歌眼镜（Google Glass）和苹果手表（Apple Watch）等可穿戴设备的发展可能预示着终有一天这些公司会将其人工智能产品植入我们的

---

① Pat O'Malley, The Politics of Mass Preventive Justice, in Andrew Ashworth, Lucia Zedner, and Patrick Tomlin (eds), *Prevention and the Limits of the Criminal Law*, Oxford, Oxford University Press, 2013, p. 280.

身体。"① 假如，在某个适当的时候，除了被编码的空间和被编码的产品之外，我们还有了被编码的人类能动主体（类似于被编码的机器人），那么外部和内部信号之间的界线就会被跨越。

综上所述，我们的总图将帮助我们去识别所采用的规制措施的类型（规则或非规则的技术）以及该措施的来源（公共的或私人的）；如果该措施是非规则的技术，我们的具体地图将帮助我们识别其属于软干预还是硬干预，以及干预的位置是外部还是内部。即使我们不太确定如何应对某一特定措施，这一初步绘图至少有助于我们重新构建对于法律 3.0 的认识（reconstruct our sense of the landscape of Law 3.0），并标识出我们在特定情形下所处的位置。

---

① Franklin Foer, *World without Mind*, London, Jonathan Cape, 2017, p. 2.

第 14 章
规制环境的特性

让我们想象一家名叫韦斯特韦斯（Westways）的虚构的高尔夫俱乐部。韦斯特韦斯的故事开始于一些年长的会员提议购买几辆高尔夫球车（carts），供那些从发球台走到果岭[①]存在困难的会员使用。购买球车的资金不成问题，但果岭管理员担心这些球车可能会损坏韦斯特韦斯精心修剪的果岭。提议者与果岭管理员有同样的担心，每个人都努力避免造成这种损害。所幸的是，问题很容易地解决了。提议者们，也就是球车的大多数使用者，在使用球车的时候尊重了所有俱乐部成员的利益。他们努力做到注意自己的行为，包括以负责任的方式使用球车，让它们远离果岭。

在一段时间里，球车的使用没有任何问题。然而，随着俱乐部成员的变化——特别是随着年长成员的离开——出现了一些不负责任地使用球车的行为。如今的果岭管理员建议俱乐部需要采取更强硬的立场。在适当的时候，俱乐部通过了一项规则，禁止将球车驶入果岭，并对违反规则的会员进行处罚。不幸的是，这

[①] 果岭（green）是高尔夫球运动中的一个术语，由英文"green"音译而来，系指球洞所在的草坪。果岭的草坪更短、更平滑，有助于推球，但也比高尔夫球场其他区域的草更娇贵和纤细，所以需要更精心的养护。——译者注

种干预措施无济于事。事实上，新规则让情况更加糟糕。虽然该规则并不旨在许可不负责任地使用球车（在支付罚款的情况下），但某些成员却是这样理解的。其效果是削弱了原有的尊重其他俱乐部成员利益的"道德"压力。更为糟糕的是，成员们都知道，在高尔夫球场的一些更为偏远的地方，违规者被发现的可能性很小。

作为阻止违规行为而采取的进一步措施，俱乐部决定在韦斯特韦斯球场的周围安装一些闭路电视摄像头。然而，新举措的问题不仅在于摄像头的覆盖面参差不齐（因此在球场的某些部分还是很容易违反规则而不被发现），而且受雇在监控中心盯着监视器的老乔很容易分心。成员们很快还发现，只要通过几瓶啤酒的代价就能让老乔睁一只眼闭一只眼。再一次，俱乐部未能找到合理引导会员行为的有效方法，从而让他们以负责任的方式使用球车。

正是在这个时刻，俱乐部找到了一项技术解决方案。他们对球车进行了改进，从而使得成员在试图将球车过于靠近一片果岭（或将球车从球场上驶离）之时会收到警告。如果该警告被忽略，则球车将会被固定在原地。终于，通过技术管理的方式，俱乐部成功地既享受到了球车带来的便利，同时也保护了果岭。

当我们追溯虚构的韦斯特韦斯俱乐部的特定历史时，看到这个故事始于一种非正式的"道德"理解。实际上，就像早期的亿贝网（eBay）所做的那样，规制系基于所谓的黄金法则；也就是说，这里的规则是，会员应该按照他们希望别人使用高尔夫球车（或拍卖网站）的方式来使用它们。然后，它试图通过一条发出了审慎性信号（prudential signal）的规则（类似于法律）来强化道德性信号，亦即，遵守规则符合成员的利益，成员应该遵守规

第 14 章
规制环境的特性

则以免遭受惩罚。然而,审慎性信号与道德性信号的结合并不完全是一个让人满意的结果,因为前者会干扰后者。在安装闭路电视摄像头之后,审慎性信号被放大到很可能是主要(但仍不是完全有效的)信号的程度。最后,通过技术管理,信号转变为完全不同的模式:一旦重新设计了高尔夫球车,成员就不再需要决定是基于道德的还是审慎的理由来负责任地使用球车。在故事的最后,球车不能开到果岭上,这时的信号完全是可能和不可能的问题。

韦斯特韦斯的故事说明规制环境的"特性"(complexion)发生了重大变化:随着每一项规制举措的出台,"信号机制"(signalling register)[①] 从道德性的转变为审慎性的,然后转变为可能性的机制。随着每一次新举措的出现,道德性的信号都被进一步推到更次要的位置。同样,尽管与法律1.0和法律2.0相关联的信号既是道德性的又是审慎性的,但法律3.0的技术措施发出的信号是关于什么是可能的(或不可能的)。

在本章中,我们开始准备让自己能够更清楚地思考规制环境的不断变化的特性——尤其是技术管理带来的变化。从"规制的信号机制"(regulatory registers)的概念(即监管者寻求诉诸被监管者的实践理性的方式)及其重要性开始,我们发现技术管理并不依赖两种传统的规范性信号(即道德性信号和审慎性信号)中的任何一种。随着技术管理的出现,规制环境的特性发生了重大变化,所面临的主要问题是使用这种规制策略是否正当合理。例如,如果技术措施在防止无人机危害飞机安全方面比规则更有

[①] "signalling register"是通信领域的一个专业术语,直译为"信号记发器",但这里若采取直译显然让人费解,遂根据上下文而意译为"信号机制"。下文的"regulatory registers"中的"register"亦翻译为"信号机制"。——译者注

效，那么使用这些措施将会改变规制环境特性的问题是否还那么重要？

规制的信号机制

我所说的"规制的信号机制"是指监管机构在与被监管者沟通时使用的那种信号。总共有三种这样的信号机制，每一种都代表了监管者试图诉诸（engage）被监管者的实践理性（在能动主体的行动理由这一广泛而包容的意义上）的特定方式。因此：

1. 在道德性的（moral）信号机制中，编码发现的信号是，某一行为 X，根据正当行为的标准，确定无疑地应该或不应该做——因此，监管者向被监管者发出信号，表明 X 是或不是正当的事情；

2. 在审慎性的（prudential）信号机制中，编码发出的信号是，某一行为 X，根据被监管者的审慎利益，应该或不应该做——监管者因此向被监管者发出信号，表明 X 是否有利于他们（被监管者）自己的利益；

3. 在可行性（practicability）或可能性（possibility）的信号机制中，规制环境被设计为从事某一行为 X 不具有合理的可行性（甚至是可能性）——在这种情况下，被监管者的推断不是某一行为 X 不应该做的问题，而是该行为 X 根本不可能做到。

在一个完全基于道德的环境中，主要的规范性信号（就规范的理由而言）始终是基于道德性的，但次要信号根据惩罚的性质来判断，可能更多是审慎性的。在传统刑法的规制环境中，信号更为复杂。虽然向被监管者发出的主要规范性信号可以是道德性的（不应该做特定的行为，因为它不道德）或家长主义的审慎性的（不应该做特定的行为，因为它违背了被监管者的利益），但惩罚的威慑威胁所代表的次要信号是审慎性的。随着规制环境更多地依赖技术手段，道德性信号的强度和重要性逐渐减弱；这时，向被监管者发出的信号往往会强调从事某项特定的行为不利于被监管者的利益，或者该行为不具有合理的可行性，甚至根本就是不可能的。

规制信号机制的重要性

这样的一种框架对我们的探究有何帮助？至关重要的是，如果我们共同追求既有实效（effective）又正当合法的（legitimate）规制干预的话，那么通过参考规制信号机制来构建我们进行探究的框架，会将我们的关注点聚焦于任何技术所引发的（technology-induced）从第一类信号机制向第二类信号机制的漂移（这时道德性理由让位于审慎性理由），然后从第二类信号机制向第三类信号机制的漂移（这时信号不再是规范性的）。先进成熟的控制技术肯定会吸引来自公共部门和私营部门的未来的监管者，但具有道德追求的共同体需要警惕的是，为它们的生活方式赋予意义的规制环境和条件（regulatory conditions）可能受到侵蚀。关键的一点是，道德共同体所追求的是做正确的事，而尊重人就是做正确的事，对于道德共同体来说，重要的是这种尊重是自由地表现出来的，并且是出于正当的理由——而不是因为我们知道自己正在被监视，也不是因为我们除了监管机构给出的选项之外，别无其他可行的选择。简单来说，即使技术引导着（channels）被监管者作出了正当的行为，但技术所确保的正当行为模式完全不同于自由地选择去做正当的事情。一个行为主体可能会受到保护，从而免受他人潜在有害行为的影响，但正如伊恩·克尔（Ian Kerr）所反对的那样，道德德性（moral virtue）并不能被自动化。①

虽然监控技术（例如在韦斯特韦斯高尔夫球场对闭路电视监控系统的使用）让被监管者来决定如何采取行动，但人们可以通过多种方式利用技术去强化规制环境，比如通过设计而排除（designing out）或禁止被监管者以前所拥有的选择——这正是高尔夫俱乐部最终解决问题的办法。正如我们之前所说的，这些硬技术只告诉人们什么可以做和什么不可以做，而不是什么应该做和什么不应该做；这些都是非规范性的规制干预。

随着背景的不同，我们对技术管理的担忧也会变化。当规制的对象是**故意**的不法行为或**蓄意**伤害行为时，对使用技术管理的道德担忧可能最为严重——当然，有些人可能会认为，这恰恰是一个共同体最迫切需要采用（而不是避开）技术管理的场合。尽管如此，显然不应该将所有技术管理的应用都谴责为非法。例如，难道我们要因为现代交通系统包含了旨在通过设计而排除人为错误或疏忽（以及故意的恶意行为）的可能性的安全功能而反对它吗？又比如，我们是否应该反对通过使用规制技术来取代失败的规范性策略以确保正在服药或在医院接受治疗的患者的安全的提议？

认识到从规则向技术措施转变的重要性，道德共同体将会非常关注那些阻止被监管者做正当之事（而不是强迫他们做正当之事）或迫使他们做错误之事的技术管理措施。按照这一逻辑，是否存在着技术管理可能损害行使负责任的道德公民权利的可能性

---

① Ian Kerr, 'Digital Locks and the Automation of Virtue,' in Michael Geist (ed.), *From 'Radical Extremism' to 'Balanced Copyright': Canadian Copyright and the Digital Agenda*, Toronto, Irwin Law, 2010, p. 247.

第 14 章
规制环境的特性 | 091

的风险？

叶夫根尼·莫罗佐夫（Evgeny Morozov）在回顾那位在乘坐公交车时拒绝离开"白人专区"的黑人女性罗莎·帕克斯（Rosa Parks）的案件时指出，这种重要的公民不服从行动（civil disobedience）在当时之所以成为可能，仅仅是因为：

> 公交车及其所处的社会技术系统运行效率极低。公交车司机要求帕克斯离开，只是因为他无法预料多少人可能需要前面的白人专区的座位。当公交车上的乘客越来越满的时候，司机不得不实时调整区域，而帕克斯恰好坐在一个突然变成"白人专区"的区域。①

然而，如果公交车和公交车站采用了更先进的技术，这种情况就不会发生——帕克斯要么被拒绝登上公交车，要么她将会坐在专门为黑人分配的区域。莫罗佐夫继续说道：

> 这个新的交通系统方便吗？当然。它还会产生罗莎·帕克斯吗？很可能不会，因为她从一开始就不可能走到公共汽车的前部。一个完美高效的座椅分配系统——在无处不在的技术、传感器和面部识别的支持下——很可能会夺走美国历史上最自豪的时刻之一。法律通过诉诸我们的道德性或审慎性信号机制来执行时，这就产生了足够的摩擦空间；摩擦产

---

① Evgeny Morozov, *To Save Everything, Click Here*, London, Allen Lane, 2013, p. 204.（中译本可参见〔白俄罗斯〕叶夫根尼·莫罗佐夫：《技术至死：数字化生存的阴暗面》，张行舟、闾佳译，电子工业出版社 2014 年版。——译者注）

生紧张，紧张造成冲突，冲突导致变革。相比之下，当法律通过技术的信号机制来执行时，几乎没有摩擦和紧张的空间，很可能也就失去了变革的可能性。①

简而言之，技术管理颠覆了自由主义法学理论家的假设，他们期望直接的公民不服从行动能够成为负责任的道德公民意识（moral citizenship）的一种表达方式。

假设有一项专门授权在公交车上和公交车周围使用一套智能技术的法案被提交讨论，该法案旨在通过技术手段来维持公共交通上的种族隔离制度。那些认为该立法政策不道德的人可能有机会在立法颁布之前提出抗议；他们也可能会在立法通过之后在安装该技术装置的地点组织游行；他们还可能会通过干扰该技术来直接参与公民不服从行动；最后，他们还可能有机会采取间接的公民不服从行动（违反一些其他的法律，以抗议公共交通上的种族隔离政策）。监管机构也可能会以各种方式来作出回应，例如，针对那些试图通过设计来绕开（design round）技术管理的人，制定新的刑事罪名。总体来说，技术管理可能不会完全消除基于坚定信念的道德抗议的可能性。特定的技术可能并不总是能够抵御对技术的反抗，而公民不服从主义者可能仍有机会通过违反反规避的法律、"数据混淆"（data obfuscation）策略或者发起广泛宣传的"黑客攻击""拒绝服务"（denial-of-service）攻击或其他类似攻击，从而间接表达他们对背后的规制目的的反对。

然而，如果技术管理的总体效果是挤压传统上直接的公民不服从行动的机会，那么就需要找到办法来弥补其对负责任的道德

---

① Evgeny Morozov, *To Save Everything, Click Here*, London, Allen Lane, 2013, p. 205.

公民行动所造成的任何减少效应。一旦技术管理全面就位，对许多人来说，这时再采取行动将为时已晚；对大多数公民来说，出于良心上的反对和不服从行动的象征性和唤起人心的表达将不再是可能的选择。这表明弥补性的调整需要**在事前**进行：也就是说，负责任的道德公民需要能够在技术管理被授权用于特定目的之前表达他们的反对意见；此外，他们还需要有机会挑战和质疑不道德的规制目的和（具有道德侵蚀作用的）技术管理的运用。

综上所述，无论我们谈论的是个人的道德生活还是道德共同体，都应该采取一些预防措施。如果我们知道一个道德共同体需要多少空间来防范美德的自动化，我们或许能够划出一些规制的红线。然而，由于不了解这些情况，一种预防性的思路似乎是审慎的。这一思路应该为道德反思、道德理由和道德反对提供慷慨的操作空间。由于不了解这些情况，采用技术管理所导致的累积效应（cumulative effect）——至少，就与故意的不当行为相关的内容而言——应该成为规制议程上的一个常设项目。

第 15 章

法律 3.0 与自由：圣潘克拉斯的钢琴

在整饬一新的圣潘克拉斯（St Pancras）火车站令人印象深刻的大厅里，有几架立式钢琴。似乎没有任何规定限制谁可以弹奏以及可以弹奏什么乐曲，所以大多数时候可以听到形形色色的演奏者在弹奏着各种各样的钢琴音乐。在这个本已喧嚣嘈杂的地方，钢琴的弹奏声加入了大都市的混音。

然而，假设有相当多途经圣潘克拉斯火车站的人更愿意让钢琴的音量调低一些。他们抱怨说，钢琴弹奏者给车站增添了声音，但效果不佳。针对此类投诉，并在法律 3.0 思路的指引下，车站管理人员将考虑两个方案：首先，是否可以引入一些规则来规范钢琴的弹奏（例如，限制钢琴的弹奏时间）；其次，是否可以采取一些非规则的规制措施（例如，搬走其中的一架或多架钢琴）。

我在这一简短的章节里希望强调的不是重复前面的内容，而是将重点放在受规制空间（例如，圣潘克拉斯火车站的大厅）的两个维度以及规则和技术措施各自的不同关注点上。作为一个物种的人类具有特定的能力和才能，如果有适当的空间或地点，他们可以发挥这些才能。例如，在车站大厅里，他们可以步行和交

第 15 章
法律 3.0 与自由：圣潘克拉斯的钢琴

谈，而如果有免费的钢琴，他们则可以坐下来演奏一些音乐。到目前为止，这些尚未受到规制。然而，如果这些活动将通过规则来进行规制，规则所施加的限制将适用于特定的空间（或特定的可能性范围）。规则的关注点是被规制的内容，而不是人类的能力，也不是在受规制的空间中**能够**做什么。相比之下，在采用技术措施的情况下，关注点是精确地重新塑造人类的能力或规制空间的特征（如通过搬走钢琴的方式），从而去规制人们可以做哪些事情。

这种关注点上的差异是将法律 3.0 与法律 1.0 和法律 2.0 区分开来的关键因素之一，后二者都侧重于应用或修改监管规范，而不是对规制空间或可能性范围本身作出改变。此外，这一差异对于我们理解法律 3.0 的技术措施如何影响我们的个人自由至关重要。①

关于自由的主流思想都重视一个赋予我们选择权的规则框架，例如，一条规则让人们完全可以自由选择是否在圣潘克拉斯车站弹奏钢琴。基于这条规则，那些选择弹奏钢琴的人不会伤害到任何人，那些选择不弹奏的人也不会伤害任何人。根据其他规则，弹奏钢琴是可选择的；每个人都有弹或不弹钢琴的自由。然而，这种自由的观点似乎是有局限的，因为它没有论及这种选择在实践中是否切实可行。根据这一规则，无论大厅里是否有钢琴，在圣潘克拉斯车站弹钢琴都是可以自由选择的。从有限的角

---

① Roger Brownsword, 'Law, Liberty and Technology,' in Roger Brownsword, Eloise Scotford, and Karen Yeung (eds), *The Oxford Handbook of Law, Regulation and Technology*, Oxford, Oxford University Press, 2017, p. 41. （中译本可参见〔英〕罗杰·布朗斯沃德、〔英〕埃洛伊斯·斯科特福德、〔英〕凯伦·杨主编：《牛津法律、规制和技术手册》，周辉等译，中国社会科学出版社 2021 年版。——译者注）

度来看，无论是否有钢琴可供弹奏，也无论钢琴是被安装了还是拆除了，在车站弹奏钢琴的自由都既不会增加也不会减少。

虽然在法律 1.0 或法律 2.0 的对话中，关于自由的问题主要集中在相关的规则以及行为是否可以自由选择上，但在法律 3.0 的对话中，关于自由的问题也需要聚焦于监管机构是否限制了我们的实际选择。事实上，监管者越是依赖技术措施，就越需要监督这些措施对我们的实际自由的影响。在通过规则进行治理的情况下，重要的问题是，规则是否将某些行为对待为可以自由选择的。然而，在采用技术措施进行治理的情况下，重要的问题是，同样的行为在实践中是不是我们实际上可以选择的，换句话说，这是不是我们实际上可以选择做还是不做的事情？

当身穿工作服的人们从圣潘克拉斯火车站的大厅里抬出钢琴时，我们知道世界已经改变了。尽管在车站弹奏钢琴的规则可能没有改变，但在那里弹奏钢琴已不再是一种实际可行的选择。在这种意义上，我们的自由，特别是可能弹奏钢琴的自由，已经被减损了。法律 3.0 的风险并不在于我们在纸面上的自由可能会通过对规则所进行的公开可见和广泛宣传的更改而减少，而在于我们的实际自由可能会因为在一夜之间将钢琴搬离而不那么公开和透明地减少。这并不是说我们的纸面（基于规则的）自由的扩张或收缩不再相关。而是说，随着法律 3.0 的到来，我们应该警惕地监测和讨论技术越来越多地参与到我们的交易和互动过程中以及将技术管理用于监管目的对我们的实际自由所产生的影响。

总之，在法律 3.0 的时代，如果我们珍视我们的自由，应该更多地关注我们能做什么和不能做什么，而略微少关注一点纸面上的规则告诉我们应该做什么和不应该做什么。

第 16 章
法律 3.0：锲子的细端与粗端

有一种观点认为，在不久的将来，法律的功能将由智能技术来履行，智能机器将充当法律工作人员。例如，本杰明·阿拉里（Benjamin Alarie）教授声称，人工智能（AI）和机器学习（ML）的最新发展预示着向"法律奇点"（legal singularity）的过渡，在这一奇点上很少会对商定事实（agreed facts）的法律意义产生争议。[1]

阿拉里讨论的背景是，我们想知道特定的法律区别（例如"雇员"和"独立承包商"之间的区别）将如何适用于一组给定的事实。虽然有许多关于这一区别如何适用的已公布判决，但每一个判决都基于特定的事实，因此，很难有把握地将二者的区别适用于新的事实情况。阿拉里的想法是，可以使用已公布的判决来训练人工智能工具，以预测新案件的结果，甚至在适当的时候由人工智能工具来审判这些案件。我们应该如何回应呢？

也许我们需要的只是"处之泰然"（be philosophical）。如果

---

[1] Benjamin Alarie, 'The Path of the Law: Toward Legal Singularity' 66 *University of Toronto Law Journal* 443 (2016).

人工智能和机器学习是一个将要改变法律实践的技术楔子的细端①，那就顺其自然吧。正如安东尼·昆顿（Anthony Quinton）在回应人们关于牛津大学新学院应放宽规则以允许本科生在周末与女性同床共枕而不受打扰的提议时所作出的著名评论，如果我们面对的是一个楔子的细端，那么"它至少比另一端好"。

或许我们应该抱持怀疑态度：人工智能和机器学习可能是楔子的细端，但至少在普通法的审判方面，楔子不太可能变得更粗。就此而言，正如克里斯托弗·马库（Christopher Markou）和西蒙·迪肯（Simon Deakin）所言，人工智能工具的实用性可能会受到其向后看的特征及其不受欢迎的锁定效应的限制。②此外，正如其他人所警告的那样，我们不应低估判决中基本的人类的和社会的因素。③

进一步的反应可能是对抗和抵制。值得注意的是，法国的2019年《司法改革法》第33条规定，"不得出于评估、分析、比较或预测治安法官和司法人员实际的或声称的职业行为的目的而

---

① "楔子的细端"（the thin end of the wedge）是一个英语习语，喻指事情糟糕的开始，其在最初看上去似乎无害或者无足轻重，但将来会变得更加糟糕。作者在本章中还使用了"the thick end of the wedge"的表述，可直译为"楔子的粗端"，相对于"楔子的细端"而言，喻指事情变得糟糕后的状态。不过，"楔子的粗端"并非英语中的习语，而是作者自己创造的一个概念。另外，作者对"楔子的细端"的使用也不完全同于英语习语中通常所表达的含义。译者对这两个词语的翻译均采取直译，并作此说明，希望读者能够体会到作者表达的微妙之处。——译者注

② Christopher Markou and Simon Deakin（2019）:'Ex Machina Lex: The Limits of Legal Computability,' available at https://papers.ssrn.com/sol3/papers.cfm?abstract_id=3407856.

③ See, e.g., Rebecca Crootof,'"Cyborg Justice" and the Risk of Technological-Legal Lock-In' 119 *Columbia Law Review* 1 (2019).

重复使用他们的身份数据。"尽管犯下新罪行的人可能面临长达五年的监禁,但仅仅编改(redaction)身份识别数据会在多大程度上阻碍利用人工智能和机器学习预测案件结果尚不清楚。但无论如何,该条都是抵制态度的重要表现。

考虑到法律3.0的更广阔的视角,可能会有一种截然不同的回应。那就是专注于使用人工智能工具对法律规则或原则的适用来提供指导,同时担心智能机器可能取代诉讼律师和法官,这暴露了对法律1.0的执着。对于智能机器可能会进行法律1.0所特有的融贯性推理这一想法的怀疑,不仅表露出以人类为中心的观点,也表露出了法律1.0的思维方式。然而,一旦摆脱法律1.0的束缚,我们将看到法律3.0的对话已经涉及智能机器承担监管功能、引导和重新引导人类行为的前景。如果我们将技术视为一个楔子,而法律的理念是将人类行为置于规则治理之下,那么技术的楔子已经开始楔入法律了。此外,我们还可以更加富有挑衅性地说,技术楔入法律的引导功能的方式将会是粗端先进入。

至于法律奇点的理念,我们应该说,以完全自动化的裁决来取代法律1.0的对话是不够的。在我们拥有法律奇点之前,人工智能和其他技术必须取代属于法律2.0核心的引导功能。当然,我们在法律3.0中的独特兴趣,即在规制空间中构建启用(enabling)和禁用(disabling)的功能,是这一过程的开始。换言之,尽管采用人工智能来避免纠纷和解决纠纷是技术楔子的细端,但它也是更加重要的法律3.0中的技术管理的早期标志,因为楔子的粗端正是通过技术而非规则来完成引导和重新引导行为的监管任务。如果我们走到了人类行为受智能机器而非规则进行治理的时刻，那么我们就有了法律奇点。

总之，如果我们要应对技术的楔子，无论是位于细端的技术措施还是位于最粗一端的技术管理，我们将需要彻底重新启动（rebooting）我们的法律思维，从对监管责任的理解开始，然后需要重塑法治和我们关于法律融贯性的观念。我们将在本书的下一部分讨论这些迫切需要作出的调整。

PART THREE
第三部分

与法律3.0共存

第 17 章

合法性的基准：监管责任的层次

如果从法律1.0到法律3.0的演进朝着更具规制性的方向，重点放在什么是有效的以及如何最好地为特定政策服务，则将存在一种工具性考虑占主导地位的风险。正如罗伯特·默顿（Robert Merton）在为雅克·埃吕尔（Jacques Ellul）的《技术社会》一书所撰写的前言中雄辩地指出，我们需要警惕那些"致力于寻求不断改进的手段，以达到未经仔细审视的目的"的文明和技术专家（technocrats）。[①]

虽然在法律1.0中，我们可以正确地说，一般原则要么未经审视，要么只是被假定为正当合法的（legitimate），但在法律2.0或法律3.0中却不能豁免这种审视，也没有这样的假设。一般来说，监管机构的宗旨或政策的合法性是一个需要积极讨论的问题，或者至少，这就是我们与公共监管机构打交道的领域。换言之，即使默顿的警告对于一些私人监管机构的活动来说可能是适当的，但对于公共监管机构来说，这还不是一个紧迫的问题。然而，在我们关于监管责任的公开讨论中，有两个突出的不足之

---

① Jacques Ellul, *The Technological Society*, New York, Vintage Books, 1964, p. vi.

处。第一，我们假设，无论我们以什么特定原则或目的为指导，它们最终都是合理和理性地可争论的；第二，我们进行各种方式的权衡（在权利、利益、公共政策等之间），而没有任何明确的层级感来指导我们如何在相互冲突的政策考量之间进行决策。简而言之，我们的讨论缺乏坚实的基础，也缺乏层级体系。至少，在我们的虚构书店"书世界"中，店主认为关闭实体店并将业务转移到网上是不可想象的。因此，适应法律3.0的首要任务是为我们对监管责任的理解恢复一些秩序。

本着这种精神，我建议通过阐明三个层次的监管责任来构建我们的思路，其中第一层次的监管责任是基础性的，三个层次的责任根据重要性来排列。在第一层，也是最重要的一层，监管者对任何类型的人类社会共同体均负有一种"管护"责任（'stewardship'responsibility），以维护人类的社会存在的先决条件。我将这些条件称为"公共品"（the commons）。在第二层，监管者有责任尊重某一特定人类社会共同体的基本价值，即赋予该共同体特定身份的价值。在第三层，监管机构有责任在不同的合法利益之间寻求一种可接受的平衡。第一层的责任是世界性的、不容商议的（这里是一条硬红线）；第二层和第三层的责任是依情况而定的，取决于每个特定的共同体所认可的基本价值观和利益。这些责任之间的任何冲突都要根据重要性的层次来解决：较高层次的责任总是优先于较低层次的责任。

鉴于法律3.0承诺其可用的规制工具比之前的手段都更有实效性，我们需要明确哪些规制目的和立场是正当合法的。正是监管责任的体系为合法性提供了基准，因此，在下文中，我将简要介绍该体系的三个层次。

第 17 章 合法性的基准：监管责任的层次

对公共品的监管责任

医学界的一个信条是，医生首先应该恪守的原则是，不应该伤害病人。对于监管者来说，同等重要的警告应该是，首先要确保不会损害支撑被监管者生活和希望的一般性条件。

这一警告基于一个简单但基本的理念。那就是，人类能动主体（human agents）的特点在于，作为**人类**，我们有一定的生物需求（对一系列生命支持条件的需求）；作为**能动主体**，我们有能力实施各种项目和计划，无论是以个人的方式，还是通过参与到伙伴关系、团体或整个共同体的方式。有时，我们所实施的各种项目和计划是相互协调的，但当人们的偏好、计划和安排发生冲突时，人类能动主体往往会发现彼此处于冲突或竞争关系中。然而，在我们从事具体的计划或安排之前，在我们面临冲突或竞争之前，首先需要有一个可以发挥能动性（agency）的环境。这种环境并不会特别优待某一种能动性的特别表述，它先于能动者个人所偏好的特定计划和安排，并且完全中立于上述计划和安排。构成这一环境的前提条件对能动性本身来说是通用的。换言之，对于任何能动者的共同体来说，都存在深层次的、基本的关键基础设施，即公共品。因此，任何能动主体在认真考虑到公共品的在先的（antecedent）和核心的（essential）本质时，都必须认为关键的基础设施条件是特别重要的。从任何实际的观点来看，无论是审慎的还是道德的视角，也无论是来自监管者还是被监管者的视角，保护公共品都必须是最高优先事项。事实上，这个道理是如此明显，我们真的不需要罢课的中小学生和瑞典青少年①

---

① 此处暗指瑞典的"环保少女"格蕾塔·桑伯格（Greta Thunberg）号召全球青少年学生为抗议气候变化而罢课的事件。——译者注

来提醒我们这些不言而喻的真理。

因此，我们希望监管机构注意到，作为人类，我们有一定的生物需求。基于此，第一，不应该鼓励那些危害我们生存条件的技术。第二，鉴于我们对自认为有益的技术发展有一种（自利的）意识，我们将敦促监管机构支持并优先考虑这些技术发展；与此同时，我们也将敦促监管机构拒绝那些自认为违背我们自身利益的发展。第三，即使拟议的技术发展既不危险也不缺乏效用，一些论者也会认为，应该禁止（或至少不鼓励）它们，因为它们的发展是不道德的。

在这一分析的基础上，我们将认为监管机构的首要职责（无论它们采取的是融贯主义、规制工具主义还是技术主义的思路）是保护和维护：

- 人类生存的基本条件（考虑到人类的生物需求）；
- 人类能动性和自我发展的一般性条件；以及
- 道德能动性发展和实践的必要条件。

值得重申的是，这些是处于所有规制空间的各类监管机构的头等大事，无论是国际的还是国内的，也无论是公共的还是私人的。当然，确定这些条件的基本特征并不是一个机械的过程，我也不认为这其中会没有争议点。尽管如此，让我说明一下我将如何理解公共品各部分的独特作用。

首先，监管者应采取措施保护和维护人类生命的自然生态系统。在最低限度上，这意味着必须保障人类的身体健康；人类需要氧气，需要食物和水，需要住所；人类需要防止传染病，如果生病了，他们需要任何可能得到的医疗条件；人类还需要保护自己免受其他人或非人类的袭击。因此，故意违反这些条件不仅是对直接受影响的个人犯罪，而且是对人类本身的犯罪。

其次，监管者需要为有意义的自我发展和能动性创造条件；

人类需要有足够的自我感和自尊感,以及对同伴的充分信任和信心,还要有足够的可预测性来作出规划,从而以互动和有目的的方式行动,而不仅仅是防御性的。我认为,潜在的(prospective)能动主体的独特能力包括能够形成一种追求**自我**利益的意识,去选择自己的目的、目标、意义等等("做自己的事"),并形成自己的身份感("成为自己")。有了一系列支持性的一般性条件后,人类生活才能让能动主体有机会成为他们想成为的人,拥有他们想拥有的事业,构建他们想要的关系,追求他们选择拥有的利益,等等。在 21 世纪,别无其他关于人类潜力和愿景的观点是可信的;在 21 世纪,人类都是潜在的能动主体,而能动主体首先需要自由,这是不言而喻的。

英国皇家学会和英国科学院的一篇论文很好地表达了这些能动性条件的要点。其中,在讨论数据治理和隐私时,该文认为:

> 未来的重中之重将与那些能够为个人创造蓬勃发展之条件的自由和能力有关。每个人都需要社会的、政治的、法律的和道德的基础设施来提供一个保护层,通过这个保护层,人们可以探索自己是谁,希望与谁进行联系,以及希望如何理解自己,而不会受到干扰或选择的限制。上述基础设施的构建取决于治理的水平。①

从这个角度来看,我们可以很容易地理解,与玛格丽特·阿特伍德(Margaret Atwood)的后世界末日反乌托邦小说《羚羊

---

① Royal Society and British Academy, *Connecting Debates on the Governance of Data and Its Uses*, London, Royal Society and the British Academy, 2016, p.5.

与秧鸡》（*Oryx and Crake*）① 不同，乔治·奥威尔（George Orwell）的《一九八四》（*1984*）② 和奥尔德斯·赫胥黎（Aldous Huxley）的《美丽新世界》（*Brave New World*）③ 中的反乌托邦并不是人类的**生存**（existence）受到损害，而是人类的**能动性**（agency）受到了损害。正如弗兰克·帕斯奎尔（Frank Pasquale）所说的，我们可以领会到，当今数据监视的实践，就像《一九八四》中的监视一样，"在阻止破坏性行为方面可能不如在（慢慢地压缩）可容忍的思想和行为的范围方面做的更多"④。

最后，公共品必须为一个追求道德的共同体创造条件，无论引导该共同体的是目的论的还是义务论的标准，是权利本位还是义务本位，是社群主义、自由主义还是自由至上主义（libertarian）的价值观，抑或是道德性伦理等。道德共同体的一般性环境是在相互竞争的道德愿景、价值观和理想之间保持不偏不倚，但它必须在形式意义上有利于"道德"发展和"道德"能动性。因此，正如香农·瓦勒（Shannon Vallor）在关于技术—德性美德（techno-moral virtues）、监视与反监视〔（sous）surveillance〕和道德助推（moral nudges）的讨论中所恰当地关注到的，任何利用数字技术来促进亲社会行为的做法都应该尊重行为在保持"我们**自己有意识的活动和成就**，而不是被动的、不加思考的服从"

---

① 中译本参见〔加拿大〕玛格丽特·阿特伍德：《羚羊与秧鸡》，韦清琦、袁霞译，译林出版社 2004 年版。——译者注

② 中译本参见〔英〕乔治·奥威尔：《一九八四》，董乐山译，上海译文出版社 2009 年版。——译者注

③ 中译本参见〔英〕奥尔德斯·赫胥黎：《美丽新世界》，陈超译，上海译文出版社 2017 年版。——译者注

④ Frank Pasquale, *The Black Box Society*, Cambridge, MA, Harvard University Press, 2015, p. 52.（中译本可参见〔美〕弗兰克·帕斯奎尔：《黑箱社会：控制信息和金钱的数据法则》，赵亚男译，中信出版社 2015 年版。——译者注）

的重要性。①瓦勒回应了我们在第 14 章中的评论，她认为，除非我们能够解释**为什么**我们以良好的方式行动，为什么我们的行动方式**是**好的，以及对于一个人或一个共同体来说美好生活可能**是什么**，否则我们不能将一个人视为道德的存在。很简单，存在着道德能动性被做了过多监管工作的技术所损害的风险。

公正推理的能动主体将会理解，每一个人类能动主体都是公共品中的利益相关者，而公共品代表了人类生存的基本条件，以及关注自己（self-regarding）和关注他人的能动性的一般条件，因此，人们将会理解，这些前提条件必须受到尊重。尽管尊重公共品的前提条件对所有人类能动主体都具有约束力，但应强调的是，这些条件并不排除审慎性或道德多元主义的可能性。相反，公共品代表了个人自我发展和共同体辩论的先决条件，使每个能动主体都有机会就什么是审慎的以及何种行为应该在道德上被禁止、被允许或者被要求去发展出自己的观点。然而，个人和集体观点的表达和论争（就像所有其他的人类社会行为、活动和实践一样）都是以公共品的存在为前提的。

尊重共同体基本价值的监管责任

除了基本的管护责任外，监管机构还负责确保它所在的特定共同体的基本价值得到尊重。正如每一个人类能动主体都有能力发展自己的独特身份一样，如果我们将这一点扩大到人类能动主体所在的共同体，情况也是如此。人类不仅拥有共同的需求和兴

---

① Shannon Vallor, *Technology and the Virtues*, New York, Oxford University Press, 2016, p. 203.

趣，也有独特的身份。

自20世纪中叶起，许多民族国家就表达了尊重人权和人的尊严的基本（宪法）价值观。① 这些价值显然与公共品的前提条件相关联，对于这种关系的性质和交叉重叠的程度有很多争议——例如，如果我们从人类有能力（capacity）自由地为正当的理由做正当的事情的角度来理解人的尊严的根本理念，那么人的尊严就直接与道德能动性所需的公共品条件相衔接。然而，那些通过诠释其对尊重人的尊严的承诺来表达其特殊身份的民族国家远非同质。在某些共同体中，人的尊严的重点是个人赋权（empowerment）和自主性（autonomy），而在另一些共同体中，重点则是与人类生活的神圣性、非商业化、非商品化以及非工具化有关的各种约束。这些侧重点的差异意味着，不同的共同体以迥然不同的方式阐述各种各样的问题，既包括从生命开始到生命结束的一系列问题，也包括人类增强（human enhance）等问题。

正如我们在第8章所指出的，有待解决的一个问题是，一个共同体是否（以及如果是的话，在多大程度上）以其对通过规则的规制（regulation by rule）的信奉（commitment）来将自己区分于其他共同体。在一些规模较小的共同体或自律性团体中，人们可能会对技术主义的规制方法产生抵制。然而，如果一个共同体乐于依赖技术措施而不是规则，那么它就必须决定是否也乐于让人类在环路之外（out of the loop）。在涉及人工智能的技术中，"计算机环路"可能是唯一存在的环路。正如肖恩·拜恩（Shawn Bayern）及其合作者所指出的，这提出了一个紧迫的问题，即："我们是否需要界定在任何情况下都必须由人类来完成的那些国

---

① Roger Brownsword, 'Human Dignity from a Legal Perspective,' in M. Duwell, J. Braarvig, R. Brownsword, and D. Mieth (eds) *Cambridge Handbook of Human Dignity*, Cambridge, Cambridge University Press, 2014, P.1.

家核心任务？"①进一步说，一旦一个共同体提出这样的问题，就需要澄清其对人类和机器人之间关系的理解——特别是，它是否将机器人视为具有道德地位或法律人格等特征。

在欧洲，后一个问题仍处于相对较早的讨论阶段，目前可以看到一些已经发表出来的观点。不过，就前一个问题而言，《通用数据保护条例》第 22 条表明，其对于那些对个人具有法律上或其他方面的重大影响的完全自动化决策采取了默认禁止的态度，同时规定在该默认禁令不适用的地方，人类应该被重新带回到环路内（详见第 21 章）。

当然，一个特定的共同体所承诺的基本价值必须与公共品的条件相一致（或相协调），并且，如果我们要讨论一种新形式的融贯主义（我在第 22 章建议我们确应如此），首先应该把重点放在确保监管操作的一致性上。

寻求可接受的利益平衡的监管责任

这将我们带到第三层监管责任。正如我们之前所说，随着规制工具主义思维的发展，我们发现，传统侵权法和合同法的许多内容已经被一种寻求促进总体政策目标（例如支持和鼓励有益创新）同时将其与对抗性的利益相权衡的方法所取代。由于不同的权衡要诉诸不同的利益群体，监管机构所面临的主要挑战是如何才能找到一个可接受的平衡。

如今，我们在关于互联网中介对其传输或托管的非法内容所承

---

① Shawn Bayern, Thomas Burri, Thomas D. Grant, Daniel M. Häusermann, Florian Möslein and Richard Williams, 'Company Law and Autonomous Systems: A Blueprint for Lawyers, Entrepreneurs, and Regulators' 9 *Hastings Science and Technology Law Journal* 135, 156 (2017).

担责任（无论是刑事还是民事）的辩论中看到了这一挑战的完美例子。是应该要求这些中介对内容进行监控，还是仅仅在事后删除违规内容即可？理论上，我们可能会作出一系列主张，例如要求这些中介应该对任何或某些类别的非法内容承担严格责任，或者在它们未能采取合理注意的情况下需要承担责任，或者，即使内容是非法的，它们也应该被免除责任。如果我们在上述范围内采取严格责任的立场，可能会担心这一责任制度给中介造成难以承受的负担，从而导致在线服务不会像我们希望的那样扩展；但如果我们采取了免除中介责任的立场，又可能会担心，这将会把互联网当作法治的一个例外来对待，是在公开欢迎侵犯版权者、恋童癖者、恐怖分子等从事非法活动。实际上，大多数法律制度通过采取赋予豁免权的立场来平衡这些利益，但前提是互联网中介没有知悉或觉察到非法内容。可以预见的是，考虑到领先的互联网中介是拥有雄厚资金的大型美国公司，而不是刚刚起步的初创企业，许多人会认为，重新审视上述平衡的时机已经成熟。然而，在理论和实践中找到一种普遍可以接受的平衡并非易事。

虽然寻求一种可接受的平衡可能是混乱不堪和临时性的，虽然这可能是我们当时能做到的最好的事情，但我们不应该错误地认为我们总是能够通过努力而做到最佳平衡。当公共品的管护工作或界定特定共同体的价值受到威胁时，我们就有了非常明确的优先事项，监管机构的责任也与之前的境况大不相同。

综上所述，我们可以说，无论是作为监管工具还是作为监管对象，除非新技术满足了三重许可的要求，否则它们都不应该被使用。这三重许可包括：公共品的许可（第一层）、共同体的许可（第二层）和社会的许可（第三层）。[①]

---

① 进一步的讨论，详见第 20 章。

第 18 章

不确定性、预防原则与管护工作

  法律 3.0 的特点之一是将技术性措施（technical measures）和技术（technology）作为规制方案的一部分。然而，技术也是监管机构面临的一个问题和挑战。在新技术开发和应用的早期，监管者将不确定它可能会带来什么风险，如果一项技术已被广泛采用并被认为是有益的，那么监管者想要通过有效干预降低风险的时候，可能已经为时过晚了。作为适例，想一下互联网的例子（目前被认为已经失控，被人们过于依赖而不可能关闭）以及我们在前一章结束时提到的互联网中介的责任问题。

  新兴技术引发了许多担忧：一个担忧是特定技术的应用可能会对人类健康和安全或环境带来风险（例如，人们对合成生物学和纳米技术的担忧）。另一个担忧是，技术应用的方式可能有害于基本价值（例如，人类生物技术和神经技术以及信息技术的情况，其中隐私和保密等问题中的利益引发了人们反复的担忧）。那些心怀此类担忧的人要求监管机构采取保护行动。然而，在很多情况下，提出这类要求的背景既受到严重质疑，也受到不确定性的影响。例如，人们可能无法确定特定技术可能会产生哪种类型的影响（是否对人类健康、环境、人权、人的尊严或任何其他事项产生影响），产生上述影响的可能性有多大，以及该影响（例如对人类胚胎的破坏）是否确实涉及任何形式的道德伤害。

在这种情况下，监管机构应如何回应上述有关采取行动的呼吁？一个合理的建议是，监管机构应努力采取一种负责任和理性的方法。正如世贸组织上诉机构在1998年的激素争端中所阐明的，"在涉及不可逆转的风险如生命终止和对人类健康的损害等问题时，负责任的、代表人民的政府通常基于谨慎和预防的思路来采取行动［并且也应该如此采取行动］"①。然而，预防性方法经常被指责为不合理，因为它们只狭隘地关注需要避免一系列特定的不利后果，而忽略了实际发生这些后果的可能性（或不可能性），同时还忽略了进行预防性干预本身所导致的不利后果。② 从法律3.0的角度，在充分理解各类监管责任的基础上，我们应该如何看待这一问题呢？

预防原则与科学的不确定性

联合国环境与发展会议在1992年通过的《里约宣言》的原则十五（其被认为是预防原则最重要的阐述）提出：

> 为了保护环境，各国应根据本国的能力广泛采用预防性措施。如果存在严重或不可逆转的损害威胁，不应以缺乏充

---

① *Hormones* (1998): Report of the Appellate Body WT/DS26/AB/R，WT/DS48/AB/R.，para. 124.

② See, e.g., Cass R. Sunstein, *Laws of Fear*, Cambridge, Cambridge University Press, 2005. （中译本可参见〔美〕凯斯·R. 桑斯坦：《恐惧的规则：超越预防原则》，王爱民译，北京大学出版社2011年版。——译者注）

第18章
不确定性、预防原则与管护工作

分的科学确定性为理由而推迟采取具有成本效益（cost-effective）的措施来防止环境退化。

在这种情况下，"缺乏充分的科学确定性"（或曰"科学不确定性"）意味着，在专家的科学共同体中，对于某些行动或做法 X 是否会导致有害结果 Z，或者对于 Z 发生的可能性，存在不同的观点。显然，监管者需要在规制决策中考虑到存在专家意见分歧的事实。问题是：在这种情况下，监管者采取预防措施是否合理？

在许多国际文件中，鉴于科学的不确定性，预防方法（precautionary approach）已具体化为预防原则（Precautionary Principle）的一种版本。然而，预防原则的批评者认为，该原则不是监管干预的合理基础。例如，加里·马钱特（Gary Marchant）和道格拉斯·西尔维斯特（Douglas Sylvester）指责它是"一个过于简单化而缺乏明确界定的概念，这一概念试图回避在作出任何风险管理决策时都必须面对的那些艰难抉择"[①]。预防原则的部分问题在于，它可以用多种不同的方式来表达和理解，但最主要的反对意见是，人们在敦促采取预防方法的时候，很显然既没有考虑干预的成本（特别是 X 所拥有的任何价值或利益的损失），也没有明确证实 X 确实会导致（或已经导致）Z。这里没有必要详述这场老生常谈的论辩，但在介绍对全球公共品的监管管护（regulatory stewardship）和保护的重要性之前，有必要作一个简短的评论。

---

① Gary E. Marchant and Douglas J. Sylvester, 'Transnational Models for Regulation of Nanotechnology' 34 *Journal of Law, Medicine and Ethics* 714, 722 (2006).

人们会意识到，预防原则的一个功能是质疑那些经常通过拖延来应对科学不确定性的监管者。尽管如乔纳森·齐特林（Jonathan Zittrain）所言，监管拖延在信息技术的发展中表现还不错（在这里，监管机构没有试图预测和防止任何有害影响的发生），但它肯定不符合作为一种全面的合理回应的要求。[①]换言之，监管者在获得充分的科学确定性之前通常采取的回避预防性干预的行为是不合理的。此外，监管机构常规地通过预防性干预来应对科学不确定性也是不合理的。这并不是说预防性干预从来都没有合理的理由，而是说这种干预只有在经过全面考虑的判断（包括考虑干预造成的益处的损失）之后才是审慎和负责任的回应。

管护工作（Stewardship）

我们对监管责任的分析（见第17章）引发了这样一种想法，即尽管预防原则受到了批评，但一种预防性的推理形式在捍卫公共品方面可能是可以接受的。根据这一推理，如果监管机构不能排除某些活动存在着威胁最深层次的基础设施的可能性（无论如何，这都可能是"灾难性的"），那么它们应该当然地采取预防性的措施。应该强调的是，这一推理假定了对预防措施的积极运用。这并不是说，缺乏充分的科学确定性并不是不作为的理由（或借口）——其使得一个不作为的理由失去了作用，但仍然没有采取行动的倾向；相反，如果危害涉及公共品，则需要采取预

[①] Jonathan Zittrain, *The Future of the Internet*, London, Penguin, 2008.（中译本可参见〔美〕乔纳森·齐特林：《互联网的未来：光荣、毁灭与救赎的预言》，康国平译，东方出版社2011年版。——译者注）

防性和保护性的行动。

预防措施的范围相当广泛。在最低限度上,监管机构应该投入一些资源以进一步了解 X 是否会导致或有可能导致 Z;它们应考虑撤销对相关技术的任何知识产权激励机制(尤其是专利);它们可以善意地实施保护措施或禁令,即使这些措施可能涉及对(实际的或预期的)有价值的活动的某些舍弃。诚然,在事后看来,当初的预防性舍弃实际上可能是不必要的。然而,替代性的选择是即使出于保护公共品的一般性条件之必要,也拒绝作出舍弃。如果监管者拿人类基本的基础设施作赌注而赌输了的话,受到不利影响的不仅仅是那些特定的有价值的活动,而是所有的人类活动。

在法律 3.0 中,我们还应期待人们会关注到运用可能的技术性方案去应对公共品所遭遇的威胁(如不利的气候变化)。就此而言,有观点可能会主张,如果人类不遵守旨在应对全球变暖的规范性监管要求,那么非规范性的地球工程技术方案可能是解决这一问题的合理方式。[①]当然,需要对为了保护公共品而许可技术管理的条件加以限定。用一场灾难替代另一场灾难是不明智的。因此,需要采取两手的预防措施:如果存在可控和可逆的干预措施,则应优先采取这些措施;如果有疑问,或许监管者应该在诉诸实验性的技术管理之前为规则的运用提供一个合理的机会。

我们来看最后一个需要讨论的问题。显然,基础设施之所以有价值,是因为它们支持一系列用途。当然,并非所有基础设施都像公共品(commons)那样深厚(deep),但它们的价值不应

---

① See, e.g., Jesse Reynolds, 'The Regulation of Climate Engineering' 3 *Law, Innovation and Technology* 113 (2011)。

被低估。政治群体很可能会认为，现代基础设施，如互联网，具有很高的价值，因而需要通过技术管理措施加以保护。如果这些群体不仅清楚地了解这些基础设施资源的价值，而且清楚地了解技术管理的所有不足，那么它们才有资格以这种方式来管理资源。

第 19 章

重构法治

技术性解决方案，尤其是其中的技术管理，之所以具有吸引力，是因为它们承诺比规则更有效，但技术措施本身的工具主义要求其使用应该受到赋予其合法性的原则的制约——否则，监管机构甚至没有理由以默许的方式允许其使用。法治的问题与第17章所概述的监管责任的体系（合法性的基准）相互协作与配合。

尽管法治有很多种概念，但我所理解的法治是一种同时反对专断的治理和不负责任的公民权（citizenship）的理想典范。法治典范的特定概念的倡导者将法治界定为他们自己所赞同的一组条件（包括程序性和实质性的、薄维度或厚维度的），这反过来将形塑着我们如何理解专断和非专断治理之间的界限，以及我们判断公民对治理行为的回应是负责任的还是不负责任的。从这个角度来看，法治代表着一个契约，契约的一方是立法者、执法者、法律解释者和法律适用者，另一方则是全体公民。该契约可以理解为，处于前者位置的人的行动应始终符合授权的构成性规则（其规定了程序性和实质性条件），而只要相关行动符合构成性规则，那么公民（包括有着公民身份的立法者、执法者、法律解释者和法律适用者）就应该尊重据此而通过的法律规则和决定。从这个意义上说,没有人——无论是在线下还是线上——凌驾于法律之上,而法治意味着法律的统治。

将这一典范应用于监管者的行为(无论这些行为是设定标准、监控合规性,还是针对不合规行为采取纠正措施的行为),这些行为都应该尊重构成性的限制条件,而反过来,只要这些行为遵守了构成性规则,它们也应该受到被监管者的尊重。

原则上,我们也可以——实际上,我认为我们应该——将法治理念适用于对技术措施的运用。特别是,采用技术管理的监管机构诉诸非规范性的工具这一事实并不意味着法治的契约不再相关。一方面,通过技术管理的方式来行使权力仍然需要得到适当授权和限制;另一方面,尽管公民"不守法"的机会可能更少了,但尊重技术管理所施加的限制仍然很重要。诚然,通过技术管理进行规制的背景与规范性法律环境的背景差异甚大,但契约的精神和目的仍然是相关的。

在技术管理时代,法治的重要性不应被低估。事实上,如果我们要为我们的技术时代重塑法律,首要任务之一就是摆脱暴力和强制性规则是规制性权力(regulatory power)最危险的表达方式的观念;限制我们实际选择的规制性权力可能更加不明显,但却同样危险。正如史蒂文·卢克斯(Steven Lukes)恰当指出的那样,权力"在最不显眼的时候最有效"[1]。

虽然我无法在此处为未来的人类共同体具体说明一个作为典范的法治模式,但我建议以下条件值得认真考虑。

第一,对于任何共同体来说,技术管理(就像规则和标准一

---

[1] Steven Lukes, *Power: A Radical View*, 2nd edn, Basingstoke, Palgrave Macmillan, 2005, p.1. (中译本可参见〔美〕史蒂文·卢克斯:《权力:一种激进的观点》,彭斌译,江苏人民出版社 2012 年版。——译者注)

样）都不得损害人类社会生存的基本条件（公共品）。法治首先应该强调监管机构的首要责任始终是保护和维持公共品。

第二，当一个共同体的愿景不仅仅是成为一个道德共同体（一个将道德理由作为最高追求的共同体），而是一个特定类型的道德共同体，那么法治的一个必要条件就是，技术管理的运用（就像规则和标准那样）应该与其具体构成特征相一致——这些特征包括，在性质上是自由主义的还是社群主义的，是基于权利的还是功利主义的，等等。

展望未来，一种观点——一种已经出现的观点——是一个共同体可能会特别重视在刑事司法系统的核心领域保留人类的官员（而不是机器）和规则（而不是技术措施）。事实上，可能有人建议，应将核心罪行与技术管理隔离开来。这样，一个道德发展（以及道德德性的展现）的重要领域将得以保留，并在规则的适用方面保持一定的灵活性。

第三，如果技术管理的运用被建议作为风险管理一揽子计划的一部分，只要共同体致力于协商民主的理想，那么法治的一个前提条件就要求就该一揽子计划的条款进行透明和包容性的公众辩论。具体而言，应听取关于该一揽子方案的如下内容的所有意见：该方案是否达到利益和风险的可接受的平衡？该方案是否代表了上述风险和利益的公平分配（包括适当的补偿条款）？在这一特定方案能够赢得尊重之前，它首先需要在合理性的范围内。这并不要求所有被监管者都必须同意该方案是最优的，但它必须至少在以下这种弱的意义上是合理的，即它不应该如此不合理，以至于没有一个理性的监管机构能够出于善意地采纳它。

例如，如果通过技术进行管理的场所或产品在动态运行，并根据具体情况或具体环境作出决策，那么公众辩论的结果之一可能是保留了人为干预（human override）的可能性。例如，在无人驾驶汽车的情况下，我们可能希望给能动主体控制车辆的机会，以便处理一些艰难的道德选择（无论其性质是"电车难题"还是"隧道难题"）或应对紧急情况（可能涉及某种"救援"）。除此之外，在某项决定引发了一项技术管理的应用，而该技术管理具有强制或排除特定行为，或排除特定人员或特定类别的人员的效果时，我们可能希望保留诉诸人类的可能性。事实上，对将人类干预作为最后手段的关注可能是共同体思维的一个普遍特征，因此，它被明确地作为法治的一个默认条件而嵌入其中。

同样，可能还存在一个条件，即涉及技术管理的干预应该是可逆的（reversible）——如果这类措施不仅对产品和场所进行设计，而且也对人类进行了设计，那么这一条件可能特别重要。如果监管者所考虑的干预不仅对产品软件进行编码，而且还对特定个人的基因组进行编码，可能便属于上述情况。

第四，如果共同体通过辩论或公众审议，就技术管理的使用达成了特定限制条件，则应尊重这些限制。显然，超越这些限制将是对权力的滥用。从这个意义上说，技术管理的使用应该符合就该技术应如何运用所达成的特定规则，并与共同体的构成性规则相一致。

第五，共同体会希望，技术措施的使用伴有适当的问责机制。当出现问题或事情出错时，需要明确、可得且易于理解的问责制。需要明确谁将承担责任、如何承担责任，并且问责本身必须是易于理解的。

第六，共同体可能担心技术管理的使用会鼓励某些使命偏离（mission creep）的情况。如果是这样的话，它可以规定技术管理措施的限制性范围或其强制范围不应大于人们使用规则来落实该特定目标时的情形。从这个意义上说,技术管理的有限的范围应该至多与相当的(影子)规则的范围相同。

第七,朗·富勒(Lon Fuller)所提出的著名的合法律性(legality)原则中隐含着监管者不应试图欺骗或诱捕被监管者的原则[①],这一原则既适用于监管工具是规则的情况,也适用于通过运用技术管理进行监管的情况。因此,法治的条件要求,技术管理不应以欺骗或诱捕被监管者的方式使用,在这个意义上,技术管理体制的施行应符合被监管者的合理期待(这意味着被监管者应被告知技术管理措施正在运行)。关键的一点是,如果在一个技术管理的规制环境中默认的立场是,如果发现某项行为是可以达成的(available),则应将其视为被允许的,那么被监管者若因善意地相信可以达成的行为就是合法律的(lawful)选择而作出该行为的话,则不应受到惩罚。

第八,被监管者还可能期望对私人使用技术管理采取公开授权和审查的措施。事实上,正如朱莉·科恩(Julie Cohen)所说,不言而喻的是,"需要有识别和实施基本权利的机构去努力制衡私人经济力量,而不是去加强它。保护基本权利的职责如果要有实效,就必须——可强制执行地——延伸到私人营利实体。"[②]问题是,即使公共监管机构尊重由被监管者所设定的条件,也并不意味着私人监管机构就可以被放任以损害共同体的道德愿景、违反其构成性原则或超出约定和授权的使用限制的方式来使用技术管理。因此,法治的一个条件是,**私人使用技术管理应符**

---

① Lon L. Fuller, *The Morality of Law*, New Haven, CT, Yale University Press, 1969. (中译本可参见〔美〕富勒:《法律的道德性》,郑戈译,商务印书馆 2005 年版。——译者注)

② Julie E. Cohen, *Between Truth and Power*, New York, Oxford University Press, 2019, p. 267.

合其使用的一般原则。

总之，如果将如此重塑后的法治与别处对该理念的表述进行比较，我们将注意到以下三个关键区别：（1）法治的范围既包括通过规则进行治理，也包括通过技术措施进行治理；（2）法治既适用于公共的规制干预，也适用于私人的规制干预；（3）除了（over and above）通常的程序性条件①之外，法治还有一些重要的实质性前提条件，最重要的是要提醒监管机构在保护和维持全球公共品方面的职责。

---

① 这些程序性条件要求：规则应公开发布，适用于所有人，不得溯及既往，规则的要求应具体明确，规则的实施应如所宣称的那样，等等。See Lon L. Fuller, *The Morality of Law*, New Haven, CT, Yale University Press, 1969.

第 20 章

技术与三重许可

这是很短的一章,但有必要通过一章内容来强调本讨论的一条非常关键的线索。该线索即如下观点:任何技术工具除非符合三重许可的要求,否则均不应用于监管目的。三重许可系指(全球的)公共品(commons)的许可、共同体的许可和社会的许可。换言之,在技术管理时代,监管的合法性应取决于相关措施是否满足这三重许可的条款,无论这些措施是公共监管者还是私人监管者所采取的。

前文所阐述的合法性基准的模式主要体现为对三层监管责任的理解,该模式又被嵌入了对法治的扩展性阐述中。根据这一模式,三重许可的每一层都为技术措施的使用设定了自己的条件。三重许可的第一层是其中最重要的内容,其要求所采取的措施必须符合对人类社会存在的先决条件(构成全球公共品的前提条件)的尊重。三重许可的第二层,即共同体的许可,要求在特定共同体内,技术措施的应用应符合该共同体的基本价值观,也就是说,赋予该共同体独特身份的价值观,使其成为该特定共同体的价值观。三重许可的第三层是社会的许可,该许可取决于监管者就其共同体内可能存在的任何多元的观点(例如,关于创新的重要性以及收益和风险之平衡的观点）达成合理的妥协，这些多元的观点须由监管者通过咨询和审议过程而识别出来。

如今，我们时而听到人们呼吁需要有一个新的社会契约或协议来应用现代技术①，而三重许可或许可以被作为这样的契约或协议。然而，需要明确的是，三重许可的第一层是每一个共同体的契约的基础；该契约的标准条款是不容商议的。至于该许可的第二层和第三层内容，每个共同体都拥有某种程度的自由来采取各自的独特立场（对比上议院人工智能特别委员会关于人工智能的报告②）。当然，一个特定共同体所追求的基本价值观，或其对多元价值的调和，必须与公共品的条件相一致或相协调。如果是这样的话，那么监管合法性就取决于保持对共同体的构成性价值的忠诚，并在合理性的范围内采取立场。毫无疑问，这里会有许多解释性问题，但这项工作是特定共同体承诺的应有之义，亦是特定共同体及其在调和竞争性和冲突性利益的实践中的内在要求。因此，理论上，A 共同体的基本价值观可能与 B 共同体和 C 共同体有很大不同，A 共同体中的实际调和也可能与 B 共同体和 C 共同体中的调和有所不同。就此而言，可能有多个共同体，每个共同体都有自己独特的共同体许可和社会许可。

因此，可能有许多个三重许可，表现出不同的文化偏好和不同共同体所界定的愿景，但无论在任何情况下，除非技术管理符合不容商议的公共品许可的要求，都不应对其予以许可。

---

① See, e.g., Anneke Lucassen, Jonathan Montgomery and Michael Parker, 'Ethics and the Social Contract for Genomics in the NHS,' Annual Report of the Chief Medical Officer 2016: Generation Genome, available at www.gov.uk/government/uploads/attachment_data/file/624628/CMO_annual_report_generation_genome.pdf.

② House of Lords Select Committee on Artificial Intelligence (2017): *AI in the UK: Ready, Willing and Able*? Report of Session 2017-19, HL Paper 100.

第21章
高科技警务与犯罪控制

广义地说,最近的刑事司法史反映了犯罪控制的政治("法律和秩序")与公民自由主义(civil libertarian)对正当程序的要求之间的紧张关系。① 虽然正当程序的要求被犯罪控制的倡导者视为执法人员和罪犯定罪之间不受欢迎的"障碍路线"(obstacle course),但公民自由主义者将其视为对无辜者和公民权利的核心保护。随着法律2.0的规制工具主义思维的兴起,以及减少犯罪成为主要的监管目标,我们预计刑事司法系统的正当程序原则将面临越来越大的压力。无论如何,在英国,人们普遍认为这些原则已经遭到了削弱和淡化。

随着法律3.0成为主导的监管理念,我们可以预期未来的监管重点将是对风险的有效管理、**事前的**预防以及技术措施的使用。在这种背景下,安伯·马克斯(Amber Marks)、本·鲍林(Ben Bowling)和科尔曼·基南(Colman Keenan)认为未来的方向是

---

① Herbert L. Packer,*The Limits of the Criminal Sanction*,Stanford,CA,Stanford University Press,1969.

日益自动化的司法系统削弱了传统刑事司法模式的保障。与传统的正当程序保障相比，这一系统更看重提高效率和实效，并且随着某些最小化人类能动性的技术越来越多地发挥作用，该系统开始不受控制。[1]

在很大程度上，自动化司法的愿景预示着智能机器的快速发展和部署，但马克斯、鲍林和基南也强调了大数据、监控和"新法医学"(new forensics)的重要性。

新法医学

新的法医学，特别是DNA图谱的制作、保存和使用，已经伴随我们一段时间了。在英国，犯罪控制的倡导者将这一生物技术的突破视为警察和检察官的重要工具，并对立法框架进行了适当修订，以授权对DNA图谱的非常广泛的获取和保留。即使在法律诉讼被撤销或嫌疑人被无罪释放的情况下，法律也授权保留已获取的个人资料。因此，一个拥有数百万个人资料的DNA数据库很快就建立起来了，而在DNA样本从犯罪现场采集到的时候，数据库可以被作为调查工具用来查询（这样，无须通过独立证据，只需要DNA数据"匹配"，就可以对个人施加"合理的怀疑"）。很难确切知道这些图谱档案对犯罪控制作出了多大贡献，然而，很明显的是，传统上的个人权利被置于新技术应用前景的

---

[1] Amber Marks, Ben Bowling and Colman Keenan, 'Automatic Justice? Technology, Crime, and Social Control,' in Roger Brownsword, Eloise Scotford, and Karen Yeung (eds), *The Oxford Handbook of Law, Regulation and Technology*, Oxford, Oxford University Press, 2017, 705.

从属地位，该立法条款与人权的兼容性问题在法庭上被提出来只是时间问题。在 S 与马珀诉英国政府①这一涉及为刑事司法目的而采集和保留 DNA 样本以及储存 DNA 图谱档案的欧洲著名案件中，斯特拉斯堡大法庭认为法律条款对隐私的影响过于广泛和不成比例。至少就此案而言，个人的人权在与犯罪控制最新技术的较量中占据了上风。②

尽管 DNA 图谱和"新法医学"（包括数字指纹）提供了重要的调查性资源，但这些技术仍然是在**事后**运作，即在犯罪之后才予以采用。然而，法律 3.0 的逻辑是寻找能够有希望在**事前**运作的技术，从而预测和预防犯罪的发生。正是在这里，大数据、人脸识别、机器学习和人工智能与人类预防剂（human preventive agents）及所需的技术资源一起为刑事司法自动化铺平了道路。

自动化刑事司法

刑事司法的自动化并非在一夜之间发生的，而是一个逐渐增长的过程。其中的一次增长是从使用技术为警察和其他刑事司法专业人员提供咨询和协助，到将技术本身作为决策者来使用；与此同时，另一次增长则是从人在环内（humans being in the loop）到人在环外（humans being out of the loop）。

1. 从咨询和协助到替代

在某种程度上，自由裁量权和风险评估内在于刑事司法系统的实施之中，没有途径可以回避。然而，在智能工具的帮助下，

---

① *S and Marper v The United Kingdom* (2009): 48 EHRR 50.
② Roger Brownsword and Morag Goodwin, *Law and the Technologies of the Twenty-First Century*, Cambridge, Cambridge University Press, 2012, Ch 4.

人类自由裁量权的行使可能会"正规化"（regularised），它可能会被运用得更具一致性，可能更少被滥用，可能在总体上更容易被接受。尽管如此，如果基于正当程序的理由而直接提出疑问，在判决中使用人工智能的命运将会如何呢？

这样的疑问恰在美国威斯康星州诉卢米斯案[①]中被提出，该案中的被告否认参与了驾车枪击行为，但承认了两项不太严重的指控。巡回法院在接受了这一辩解后，下令提交一份量刑前调查报告（Presentence Investigation Report，简称"PSI"），其中附有COMPAS风险评估表。这一评估表明，被告有很高的再犯风险，而法院适当地依赖该评估和其他的量刑考虑因素排除了缓刑。为了回应被告基于正当程序的上诉，威斯康星州上诉法院为威斯康星州最高法院核证了一系列问题，而最高法院通过以下表述判决被告败诉（第753—754页）：

> 8. 最后，我们得出结论，如果使用得当，遵守这里所列出的限制条件和注意事项，巡回法院在判决时考虑COMPAS风险评估并不会侵犯被告的正当程序权。
>
> 9. 我们认为，因为巡回法院解释了它对COMPAS风险评分的考虑得到了其他独立因素的支持，所以在判断卢米斯是否能够在社区中安全有效地受到监督时，该风险评分的使用并不是决定性的。因此，巡回法院没有错误地行使其自由裁量权。

威斯康星州最高法院所列出的相关"限制条件和注意事项"

---

① *State of Wisconsin v Loomis* (2016)：881 N. W. 2d 749.

如下（第769页）：

98. 法院在量刑时可以考虑 COMPAS 风险评估，但须遵守以下限制。正如州惩教署所认可的，量刑前调查报告要求风险评分不得用于：（1）确定罪犯是否应被监禁；或（2）确定量刑的轻重程度。此外，风险评分不能作为判断罪犯是否能在社区中得到安全有效监督的决定性因素。

99. 重要的是，巡回法院必须解释除 COMPAS 风险评估之外的那些独立地支持判决的因素。COMPAS 风险评估只是量刑时可能考量和权衡的众多因素之一。

100. 任何附有向法院提交的 COMPAS 风险评估的量刑前调查报告必须包含一个列出限制条件的书面建议。此外，该书面建议应向量刑的法院告知在本意见书中讨论的以下注意事项：

• COMPAS 的专有性质被用来阻止披露关于各要素如何权衡或风险评分如何确定的信息。

• 由于 COMPAS 风险评估分数系基于群体数据，因此其能够识别高风险犯罪群体，而不是特定的高风险个人。

• 一些研究对 COMPAS 风险评估分数提出了疑问，即其是否不成比例地将少数族裔罪犯归类为具有更高的累犯风险。

• COMPAS 风险评估将被告与国家样本进行比较，但尚未完成针对威斯康星州人群的交叉验证研究。由于人群和亚人群的变化，风险评估工具必须通过不断监测和更新提高准确性。

• COMPAS 不是为了在量刑时使用而开发的，而是为了供惩教署在作出关于治疗、监督和假释方面的决定时使用。

101. 值得注意的是，这些是基于目前的认识能够确定的警告。例如，如果未来对威斯康星州的人群进行了交叉验证研究，则我们需要灵活地移除这一警告或者对交叉验证研究的结果予以解释。同样，随着未来获得了更多数据，其他的警告会变得越来越重要，这份建议也应随之定期更新。

尽管这可能被视为人工智能楔子的细端（参见第16章），但法院列举的限制和警告反映了一些关于使用COMPAS等工具的可接受性方面的重要压力点。此外，在协同意见（concurring opinion）中，首席法官强调，尽管法院的判决"允许量刑法院**考虑**COMPAS，但我们并不认为量刑法院可以**依赖**COMPAS来作出判决"。换句话说，COMPAS的正当性功能是协助法官，而不是取代他们。

然而，如果智能机器被认为（在准确性、一致性、公平性等标准方面）优于人类决策者和风险评估者，那么，技术超越对人类进行建议和帮助的作用可能只是时间问题。

2. 从人在环内到人在环外

《通用数据保护条例》（GDPR）第22条致力于在自动化决策威胁重大人类利益的情况下，让人类处于决策环内。然而，对刑事司法系统中的自动处理作出具体规定的是《数据保护执法指令》[①]。根据该指令第11（1）条：

---

① The Data Protection Law Enforcement Directive (Directive 2016/680).

成员国应规定，完全基于自动处理（包括用户画像分析）而作出的决定，如果对数据主体产生不利的法律效果或对其产生重大影响，除非获得欧盟或控制者所适用的成员国法的授权，并且该法须为数据主体的权利和自由提供了适当的保障，至少是获得由控制者进行人为干预的权利，否则，均应被禁止。

为了主张上述规定所提供的保护，数据主体必须证明：（a）有一项**完全**基于自动处理的**决定**，（b）该决定产生了不利的法律效果，或（c）对其产生了**重大**影响。法律人将在这里发现几个细微的解释要点。

其中一个特别的问题是，我们应该如何解读"完全"（solely）基于自动处理的决策的阈值条件？例如，我们是否可以说，警察随身佩戴的摄像机对违法行为的处理是完全自动化的？摄像机必须由作为人类的警察启动及佩戴，这一事实有多重要？这与路边摄像头自动处理道路交通违法行为有重大区别吗？同样，虽然很容易想到不利的法律效果的例子（例如拒绝保释或拒绝假释），但什么可以算作"重大"（significant）影响呢？还有一个问题是，什么构成一个"决定"？在未来的智能环境中，控制技术被连接、嵌入和融入其中，要想从机器嗡嗡作响的背景中脱颖而出，从而构成一个"决定"，需要具备什么特征？

即使这些法律解释的问题能够令人满意地解决，保障措施又有多可靠呢？求助于人类干预的可能性会有多大效力？在人工智能和自动化决策的表现优于人类的时代，人类在重新考虑了某一问题之后而推翻自动化决策的现实性、合理性或明智性有多大呢？①关键是，如果人工智能被认为是"可靠的"，那么将人类带回决策环路内的可能性或许只不过是一个空洞的姿态。一方面，与许多表面上的救济路径一样，实现的难度太大——即使对于那些了解救济措施可用性的潜在起诉人来说，起诉的成本和复杂性也太大了。另一方面，被带回决策环路内的人可能不愿意反对自动化决策——在这种情况下，这将进一步抑制单个起诉人的积极性。如果要让人类重新回到决策环路内，如果要有效地监控智能机器，所需要的很可能不是应个人起诉者的要求，而应该由监管机构对人工智能进行**事前**许可以及对其表现情况进行**事后**审查。

结局会好吗？

斯蒂芬·霍金（Stephen Hawking）表示，"超智能的人工智能的出现对人类来说将是有史以来最好或最坏的事情。"②最好的情况下，智能机器、智能警务和智能城市可能预示着犯罪的结束，但最坏的情况下我们可以想象各种反乌托邦的未来，在那里人工智能给人类的生存和能动性带来的威胁将成为现实。鉴于此，用詹姆斯·布莱德尔（James Bridle）的话说，我们的技术与下列问题搅和在一起：

一个失控的经济体系，使许多人贫困，并继续扩大贫富

---

① Hin-Yan Liu, 'The Power Structure of Artificial Intelligence' 10 *Law, Innovation and Technology* 197（2018）.
② Stephen Hawking, *Brief Answers to the Big Questions*, London, John Murray, 2018, p.188.

差距；全球政治和社会共识的崩溃，导致越来越严重的民族主义、社会分裂、种族冲突和影子战争；气候变暖，威胁着我们所有人的生存……[1]

那么，或许很多人会认为，司法自动化可能不是试图终结犯罪的最明智的方式。

---

[1] James Bridle, *New Dark Age*: *Technology and the End of the Future*, London, Verso, 2018, p.2.

第 22 章

融贯主义的复兴？

在监管责任的更广图景下（见第 17 章），监管者应该采用哪种思维模式？监管者是否应该像融贯主义者那样进行推理，关注教义（doctrine）的完整性并适用传统上的原则？或者他们应该以规制工具主义的聚焦政策的方式进行推理？还是以技术主义的方式去寻求技术解决方案？如何最有效地履行监管责任？

鉴于监管者的首要责任是确保公共品不会受到损害，我们可能会担心，如果监管者以传统的融贯主义方式思考，他们可能无法采取必要的保护措施——这些措施可能涉及新的规则，或使用技术管理措施，或两者兼有之。这表明，规制工具主义的思路是更好的默认方式，但前提是监管机构重点关注到相关风险，即技术发展对公共品的前提条件带来的风险。此外，我们可能还想补充一点，具有这种特定风险关注的规制工具主义只有以一种适当的预防性思维方式来适用时才是更好的默认方式。监管者需要明白，损害公共品总是最坏的情况。除了上述默认方式，技术主义的方法可能也很适合。正如我们所说的，如果我们认为基于规则的方法无法保护地球环境的安全界限，那么地球工程方法可能会是解决方案。

因此，与法律3.0共存的一个基本要素是阐明一种"新融贯主义"，其提醒监管者应注意两件事：第一，它们最紧迫的监管重点应放在公共品的前提条件上；第二，无论它们采取何种干预措施，尤其是在采取技术主义方式的时候，它们的行为必须始终与保护公共品协调一致。

未来，法院——尽管是传统融贯性思维的中心——将持续发挥将新融贯主义适用于技术措施的利用方面的作用（核心问题是某一具体利用是否符合三重许可的内容）。换言之，法院将审查任何在是否符合授权规则和构成性规则方面受到质疑的措施的合法律性（legality），最重要的是，法院要核查技术管理的特定实例是否符合镌刻在法治之基上的保护公共品的理想。

所谓新的融贯主义思维，并不是去检验教义的内在一致性，也不是去检查某项措施是否适合特定的监管目的。相反，一个革新了的融贯性理想应该从监管机构的首要职责开始，即保护和维持公共品。所有监管干预都应与这一职责相一致。这意味着人类生存的前提条件和让能动性蓬勃发展（flourishing agency）的环境都应该得到尊重。根据这一思路，研究者于2017年在加利福尼亚州的阿西洛马（Asilomar）开会制定了一套人工智能使用的预防指南，并在第21条原则中主张"人工智能系统所构成的风险，特别是灾难性或危及人类生存的风险，必须得到与其预期影响相称的规划和缓解"[①]。

此外，正如我们所强调的那样，如果要尊重公共品，就不应

---

① Asilomar Conference on Beneficial AI（2017），available at https：//en.wikipedia.org/wiki/Asilomar_Conference_on_Beneficial_AI.

以损害能动性和道德共同体的环境的方式使用技术管理。例如，考虑一下备受争议且变幻无常的隐私概念。一种流行的观点是，对隐私的尊重应该以"基于背景"（contextual）的方式进行。然而，有大写的"背景"（Context），也有小写的各种"背景"（contexts）。大写的"背景"是在公共品意义上的，而许多小写的背景则依赖于公共品的完整性（integrity）。因此，如果人们判断隐私涉及能动主体在公共品的前提条件中所必须拥有的利益，尤其是他们为了自我发展和能动性之必要的利益时，无论是对于能动者个人还是集体，授权损害这些条件的行为都既不明智也不合理，除非他们这样做是为了保护公共品的某些更重要的条件。[1] 也就是说，正如伯特-贾普·库普斯（Bert-Jaap Koops）非常明确地表示的那样[2]，隐私具有"基础设施方面的特征"（infra-structural character），"拥有隐私空间是自主和自我发展的重要前提"；没有这样的空间，就没有成为自己的机会。因此，隐私的意义与其说是保护人们在其中拥有个人利益相关的（信息或空间上的）物品（goods）的问题，不如说是在保护一种基础设施品，人们在其中或者拥有人类共同利益（涉及第一层责任），或者拥有特别的共同体利益（涉及第二层责任）。

此外，如果隐私（以及类似的数据保护）被判断为仅仅是一种需要在综合考虑的利益平衡中进行权衡的正当合法的（legitimate）信息利益，那么我们应该认识到，每个共同体所认定的隐

---

[1] 请与下述观点进行比较：Maria Brincker, 'Privacy in Public and Contextual Conditions of Agency,' in Tjerk Timan, Bryce Clayton Newell, and Bert-Jaap Koops (eds), *Privacy in Public Space*, Cheltenham, Edward Elgar, 2017, p. 64.

[2] Bert-Jaap Koops, 'Privacy Spaces' 121 *West Virginia Law Review* 611, 621 (2018).

私利益以及可接受的利益平衡可能会随着时间而发生变化。就此而言，我们对隐私的合理期望可能既以社会实践为背景（contextual），又取决于社会实践。尽管如此，一个共同体可能希望通过赋予隐私更高的地位（作为一项权利或基本权）来定义自身，那么监管者就需要将隐私作为高于一切的利益予以尊重。然而，没有一个共同体能够以与基本的基础设施条件（essential infrastructural conditions）中的共同利益不相容的方式来合理界定自己。

此外，技术管理的措施应与共同体的特定构成性价值观相一致，包括尊重人权和人的尊严以及对待非人类能动主体（non-human agents）的方式等，并与其对法治的具体阐述相一致。人们已经对人工智能应该"值得信赖"的观点表示担忧，大量的行为准则和指导方针已经开始涌现。例如，上述在阿西洛马签字的研究者同意，"人工智能系统的设计和运行应与人的尊严、权利、自由和文化多样性的理想相兼容"（原则11），欧盟人工智能高级专家组、经合组织和二十国集团在2019年均认可了在人工智能领域采取"以人为本"的（human-centric）方法。毫无疑问，法院在对这些原则进行融贯性解释的时候将面临许多挑战，但其主要任务将是确保技术管理的具体实例与上述以及类似的原则相一致，而不是滥用这些原则。

法律1.0中的融贯性可能是私人律师心目中的理想。然而，在法律3.0的时代，只有将融贯性纳入公法体系，我们才能充分看到其在监管方面的意义。不同于法律1.0中的融贯性是关于教义上的一致性（doctrinal consistency），以及法律2.0中的融贯性是有关各种措施的互补性，在法律3.0中，融贯性是关于合法性的不同基准的相容性。无论是规范性的还是非规范性的规制，如果其相应的程序或目的与那些将我们带回到法治本身的授权性或构成性规则不符，那么这样的规制将缺乏融贯性；如果规制与维护公共品的管护责任（stewardship responsibility）不符，这样的规制也将从根本上不具有融贯性。简而言之，我们可以继续将融贯性视为一种向后的、侧向的和向上的进行审查的理想，但这种理想的重塑需要与技术的三重许可相结合，需要考虑到全方位的监管责任，并需要拥有全套的监管工具。

第 23 章

重新设计制度框架 I：国内层面

如果我们要为履行监管职责作好适当准备，这可能需要对我们所依赖的国内和国际制度进行重新设计。尽管我们可以期望国内监管者在其共同体内处理好常规的利益平衡，并尊重其特定共同体的特定价值观，但公共品的管护工作看来还是需要国际监督。

在本章中，我们首先从国内层面应对新兴技术的制度安排开始讨论，然后在下一章，我们将探讨对公共品可能的国际监管。

在英国（我想，还有许多其他民族国家），我们在利用和规制新技术的制度安排中有两个截然不同的特点。一方面，并没有标准的操作程序来对这些技术进行初步审查；另一方面，法治与民主均要求，应由法院根据既定的法律原则去解决争端，应由立法机构和行政机构规划并商定各类公共政策、计划和优先事项。换言之，尽管对谁来进行初步审查以及如何进行审查均没有任何预期，但我们明确地期待着法官和律师在法院中发挥作用和进行推理（此时适用法律 1.0）以及期待立法机构和行政机构的决策成员发挥其相应的作用（此时适用法律 2.0）。问题是，在这一制度设计中，谁来行使对公共品和共同体的独特价值进行管护的职责？

从对新兴技术的初步接触和审查开始，谁来解决这个问题以及如何解决这个问题似乎在很大程度上是一个偶然事件。例如，在20世纪70年代末，当辅助受孕技术正在被开发和应用但也受到严重质疑时，英国政府的回应是成立一个由玛丽·沃诺克（Mary Warnock）担任主席的调查委员会。在1984年，该委员会的报告（"沃诺克报告"）发表。然而，直到1990年，在经过议会的大量辩论后，一个框架性立法——1990年《人类受精和胚胎法案》才得以颁布。这一过程花费了十年中最好的时间，通常被视为应对新技术的最佳实践范例。然而，这种方法在任何意义上都不是应对新技术的标准操作程序——实际上，根本就没有这样的程序。

事实上，对新兴技术的法律和规制回应因具体技术而异，因法律体系而异，亦因不同时间而异。有时，公众参与广泛，有时则不然。有时，特别委员会（如现已解散的英国人类遗传学委员会）被组建起来以专门履行监督职责，也有常设的技术预见委员会的例子（如美国技术评估办公室）。然而，上述例子并不常见。最重要的是，关于新技术的问题有时候首先出现在诉讼中（由法院处理，适用法律1.0的逻辑来确定如何应对），而在其他时候，这些问题则会交给立法机构（例如前述辅助受孕技术的例子）。

关于哪个监管机构应对新技术以及如何应对新技术的问题，当然可能有一些地方性机构的特点影响着答案。在一些国家，典型如美国，有着一系列监管机构，其中每个机构都有自己的职权范围，一项新技术可能只由一个牵头机构来考虑，也可能由几个机构进行评估。与前述情况类似，这一问题也有一定程度的偶然性。尽管如此，我们初步提出三个要点。

其一，如果问题（例如索赔人声称新技术造成了损害而提出的索赔问题）被提交给法院，维护法律完整性的职责将要求法院

第 23 章
重新设计制度框架 I：国内层面

采取融贯主义的评估，即法律 1.0 的思路。通常，法院既没有足够的资源，也没有充分的法定权限去进行风险评估，更不用说采取风险管理的战略。

其二，如果这个问题进入立法领域，立法者很可能会以规制工具主义的方式来应对，而这是法律 2.0 的特征；而一旦技术措施的可能性引起人们的关注，我们很可能会看到一种更加技术主义的、法律 3.0 的思维发挥作用，就像欧盟的制度一样。

其三，如果将这么多问题都交给偶然性无法令人满意，那么似乎有必要成立一个机构来专门负责对新技术进行初步的应对。这样一个机构的任务和挑战将是确保公共品不受损害，努力将这些技术用于我们最迫切的（与公共品相关的）需求，并帮助每个共同体解决其特别想要成为的哪一种类型的社会的问题——尤其是在社会和技术均快速变化的背景下，完成上述所有任务。正如温德尔·瓦拉赫（Wendell Wallach）所正确主张的那样：

> 仅仅屈从于政治和经济的当务之急是不够的。顺从于技术可能性的机械化的展开也是不可接受的。在一个民主社会中，我们公众对于正在被创造的未来应该行使批准的权利。当此历史关键时刻，在我们能够恰当地表示同意或反对之前，必须进行一次明智的对话。①

诚然，我们希望建立适合上述目的的机构的想法或许是一个不可能实现的梦想。然而所有勇于挑战不可能的梦想家们一定都会同意，现在正是组建一个适当构成的机构的合适时机——可能

---

① Wendell Wallach, *A Dangerous Master*, New York, Basic Books, 2015, p.10.

与成立英国数据伦理与创新中心的思路一致（向公众提供信息并为合乎伦理地利用人工智能和数据制定标准）——该机构将强调我们对于公共品的职责，并促进每个共同体发展出针对这些技术的监管许可和社会许可。

回到我们早先对自动驾驶汽车的讨论，在汽车上没有人类进行控制的情况下，以及在事情"出错"时技术的性质不利于进行简单的因果解释时，试图以法律1.0的方式去适用判断人类驾驶员疏忽的那些原则，是没有意义的。然而，如果这些问题进入法庭，我们一定会期待（像融贯主义者那样推理的）法官会运用合理谨慎标准、近因等概念，去判断非常复杂的技术故障的责任问题。事实上，当乔舒亚·布朗（Joshua Brown）在以自动驾驶模式驾驶特斯拉S型汽车而遭遇事故身亡时，特斯拉（Tesla）公司（很可能预见到了诉讼或关于过错与责任的对话）迅速地强调了其所生产汽车的安全记录，暗示汽车驾驶者需要保持警惕，并否认特斯拉公司有任何疏忽。相比之下，如果监管者在立法的背景下以风险管理的思路来处理责任和赔偿问题，他们就不需要追究过错问题——或者，至少，如2018年《英国自动化和电动汽车法案》所规定的那样，保险和赔偿将首先由自动车辆的保险公司或车主承担，然后再进行目前的（基于过错的）普通法索赔。从法律2.0的角度来思考，挑战在于阐明最可接受（且在财务上可行）的赔偿安排，以协调交通创新中的利益和乘客与行人安全的利益。尽管如此，如果监管者要以得到社会许可的方式行动，他们应该在一个独立的新兴技术机构（我们目前尚没有，但显然应该设立此类机构）提供了充足的信息并激发公众辩论之后才予以考虑。

第 24 章

重新设计制度框架 II：国际层面

全球公共品并不局限于特定的民族国家。人类在地球上的社会生存的条件与所有民族国家都相关，并可能受到每个民族国家活动的影响。因此，如果要保障人类社会生存的核心基础设施，就意味着国际法应该承认公共品的重要性，并应得到相当程度的国际协调和共同责任的支持。

理论上，国际法中有一些积极的迹象——例如，强行法（jus cogens，在所有地方都是绝对错误的行为的概念）和危害人类罪的世界主义观念。此外，当联合国在阐明国家的基本职责时，它可以用使人联想到公共品的前提条件的措辞来表述。例如，2018年12月通过的《联合国安全、有序和正常移民全球契约》第18（b）条规定，各国应投资于以下项目：

> 消除贫穷、粮食安全、健康和卫生、教育、包容性经济增长、基础设施、城乡发展、创造就业、体面工作、性别平等和增强妇女和女童权能、复原力和减少灾害风险、减缓和适应气候变化、应对一切形式暴力的社会经济影响、不歧视、法治和善治、诉诸司法和保护人权以及构建并保持具备

有效、负责和透明体制的和平包容型社会。

如果我们将其与第 17 章中概述的公共品的前提条件的要素进行对照，这里的内容可能有些过度宽泛。尽管如此，第 18（b）条规定的许多内容显然与监管机构的第一层次的管护职责（stewardship responsibilities）相一致。

为了支持这些规定，存在着一个广泛的国际监管架构。因此，我们或许可以认为，对公共品的保护只需要进行一些小的调整或添加，就像我们可以对现有财产权进行扩展一样。另一方面，所要做的管护工作需要一种独特和专注的方法。因此，我们可能需要定制化的国际法和新的国际机构来推进这一项目。此外，由于政治倾向于短期化运作，这也意味着监管人员应在一定程度上独立于政治部门，但他们不应被排除在法治的问责和证立（justification）文化之外。

尽管如此，无论理想的法律规定是什么，我们都必须考虑到国际关系的现实状况。

第一，虽然联合国的所有成员国在形式上都是平等的，但现实情况是，有些成员国比其他成员国更平等，安全理事会的章程就是一个例证。安全理事会的五个常任理事国不仅是"世界舞台上最重要的行动者，鉴于其规模、经济和财政实力、文化影响力，以及最重要的军事实力"①，而且它们有权否决（实际上，它们确实会否决）安理会本来会作出的决定。毫不奇怪，这导致了对安理会的不民主和不具代表性的广泛批评，以及至关重要的是，也导致了对否决权的批评。批评意见认为，否决权使常任理

---

① Gert Rosenthal, *Inside the United Nations*, Abingdon, Routledge, 2017, p. 95.

事国能够将其（对公共品之前提条件的）集体责任置于本国的优先事项之下。

第二，正如格里·辛普森（Gerry Simpson）所强调的那样，国际法的制定者和主体拥有不同的权力和影响力，有不同的意图（有些国家比其他国家更加善意），对集体责任的承诺程度不同，文明程度也不同。[①]首先，有正常运行的国家和失败国家。在前者中，虽然许多国家是国际秩序的良好公民（尊重国际法规则），但也有超级大国（按自己的规则行事）和无赖国家（不按规则行事）。如果监管人员是从优秀公民中选拔出来的，而由这样的人员所组成的监管机构能够专注于正确的问题并出于对人类共同利益的关注而行动的话，这当然是最好的。然而，他们可能无法确保他们可能提出的任何预防性标准（precautionary standards）得到遵守，更不用说被授权采取技术管理措施了。

第三个现实是，当国际机构的使命包括一系列目标（如贸易、人权和环境问题），或者有一个主导性目标（如麻醉品管制）的时候，（对人权的）价值承诺往往会被其他目标所凌驾，甚至被视为不相关（"被抵消"）。如今，尽管国际社会正团结一致，一起维护其共同的审慎性利益，而在这样做的过程中减少了对某些理想价值（aspirational values）的关注，但对公共品条件的尊重决不应以这样的方式而被凌驾或抵消。因此，为了使这一必要性得到关注，如果监管人员均在一个国际机构内，他们的任务必须限于保护公共品，可接受的抵消必须限于非公共品事项。即便如此，也无法保证这些管理人员能够免于监管俘获和腐败的惯常风险（见第5章）。简而言之，除非国际关系中存在支持监管人

---

① Gerry Simpson，*Great Powers and Outlaw States*，Cambridge，Cambridge University Press，2004.

员的文化，否则再理想的监管设计也可能失败。

如果要追求共同利益，这是一场争夺人心的战斗。正如尼尔·沃克（Neil Walker）在谈到全球法时所说，我们的未来前景取决于"我们是否有能力说服自己和他人确信我们所达成的共识以及保持这一共识的价值"[①]。一个肩负保护公共品使命的国际机构可能会在拓展优秀公民群体方面取得一些进展，但要想有任何成功的机会，还需要满足两个条件：（a）需要一个专业的法律和技术/科学界的共同体，其对新的融贯性要求有着清晰的认识，（b）所有民族国家都应该加入进来。

[①] Neil Walker, *Intimations of Global Law*, Cambridge, Cambridge University Press, 2015, p. 199.

PART FOUR
第四部分

法律的学习

第 25 章
反思法学教育

如果我们要掌握好法律 3.0，就需要从根本上重新思考我们的法学教育方法。法律 1.0 适用于那些想从事法律 1.0 类型的工作的人。然而，法律 3.0 才是我们目前所处的现状。至少，学生们应该明白法律 3.0 代表了他们学习的更大图景，从而当他们进行法律 1.0 的对话时，会准确地理解该对话与法律 2.0 和法律 3.0 的对话之间的共存关系。然而，法学课程可能需要进行更根本的改革，以便所有科目的主要议程都由法律 3.0 所设定。

在本章中，我将简述，基于法律 3.0 的视角，我们可以如何教授最传统的法学科目——合同法。我认为，该课程应包括三个关键问题。第一，合同法如何适应交易的更广泛的规制环境？第二，随着新型交易技术的出现并被采用，我们应该像"融贯主义者"那样尝试将这些发展融入现有的理论体系，还是应该以更加"规制工具主义"的方式来考虑这些问题？第三，我们应该如何看待将监管限制或监管要求"设计到"（designed into）新兴技术平台或合同的基础设施的可能性？换言之，我们应该如何看待交易的"技术管理"？

合同法和交易的规制环境

我们的第一个问题是，合同法如何适应"交易的规制环境"（the regulatory environment for transactions）。然而，合同法的标准教材并未解释这一概念。因此，我首先将简单介绍交易的规制环境的一般概念，作为讨论我们的合同法教学的一个框架，然后将概述这一概念的三种具体理解或要求。

1. 交易的规制环境的一般概念

20世纪60年代中期，当我还是一名大学生时，开始接触合同法，当时的背景是消费信贷促进了现代消费市场的萌芽。在这种情况下，合同法秉持着对契约自由和契约神圣的承诺，陷入了某种危机。显然，法律允许使用标准形式的条款和条件（而消费者不阅读、不理解这些内容，也不参与关于这些内容的谈判），尤其是允许（汽车、冰箱、电视等商品的）供应商通过标准的豁免条款将健康、质量和安全方面的风险推给购买者。在这一背景下，有人非常正确地说，需要对法律进行一些修改，而在适当的时候法律确实进行了修改。没有人说过，至少我不记得有人说过，交易的（或者说消费交易的）规制环境不符合目的。

现如今，我预计对话会有很大的不同。今天，如果法律允许经销商将一辆所谓的"汽车"停在购买者的房屋外，而所谓的"汽车"只是一个空壳，无法自我推进，发动机的各个部件也已损坏和烧毁[①]，如果这是一种常见的情况，那么，很快就会有人

[①] 请与以下案件中的事实进行比较：Karsales (Harrow) v Wallis (1956): 1 WLR 936.

认为规制环境像这辆汽车一样已经出问题了。毕竟,在一场又一场危机、灾难或丑闻之后,我们发现部分责任应被归于一个被证明不符合目的的规制环境。如今,如果我们发现消费市场出现危机,我们会知道,对这个问题的有效应对所需要的可能不仅仅是对合同法的调整(甚至也不仅仅是对专门立法的调整,如 2015 年《消费者权利法案》)。为了改善规制环境,可能还需要对竞争法、信贷法和刑法进行改革,并对消费品和服务的技术标准进行修改。或许还需要对监管机构进行改革,以及,最重要的是,采取措施去改变那些在消费市场提供商品和服务的主体的商业文化。

回到我履历中的线索,在开始教授合同法后不久,我就了解到斯图尔特·麦考利(Stewart Macaulay)[①] 和伊恩·麦克尼尔(Ian Macneil)[②] 的开创性工作。在这一阶段,"背景中的法律"(law in context)还处于酝酿阶段,尚不清楚上述论文和著作如何才能融入我那始于要约和承诺而终于救济措施的讲课内容中。即使在上述讲课中有"背景"的位置,与主要的理论内容相比,学生们也会倾向于将课程所提供的任何背景内容都理解为微不足道的部分。那么,关于商业承包商(business contractors)的实践或交易之中及交易周围的社会关系网络的见解是如何成为故事中不可或缺和平分秋色的部分呢?

显然,只要我们作为合同法教师所讲的主要故事仍然是传统的法律 1.0 的教义故事,就存在着问题。我认为,该故事与其从

---

① Stewart Macaulay, 'Non-Contractual Relations in Business' 28 *American Sociological Review* 55 (1963).

② Ian R. Macneil, *The New Social Contract*, New Haven, CT, Yale University Press, 1980.(中译本可参见〔英〕麦克尼尔:《新社会契约论》,雷喜宁、潘勤译,中国政法大学出版社 1994 年版。——译者注)

合同法的某些部分开始，不如从这样一个理念开始，即该故事的兴趣领域是交易（无论是深入到商业世界、消费市场还是新兴的点对点的共享经济中），并且特别关注交易的规制环境，以一种宽泛方式所理解的环境。然而，我们不应假定合同法给出的信号在任何特定的交易背景下都必然占主导地位。交易中和交易周围均有很多噪声，在某些环境中，例如麦考利所研究的环境中，合同法给出的信号可能确实非常微弱。同样，从作为消费者的日常体验中我们可以知道，无论是线上还是线下，法律信号往往远不如供应商的特定习惯和做法、供应商对其贸易声誉的关注以及为担保和保证所做的补充协议显著。正如麦克尼尔所指出的，我们身处在一个社会关系网之中。

因此，合同法的第一课并不是从合同法的规则本身开始的（无论是要约、承诺还是救济措施），而是从交易以及交易者从事经营活动所处的规制环境开始的。合同法向交易者发出信号，但这只是规制环境中的一个要素。如果我们从这里开始，那么问题是我们应该将规制环境的边界划到多宽的程度。

2. 交易的规制环境的三种观念

任何基于背景来教授法律的方法均面临的挑战之一是如何确定背景的范围。随着背景的拓宽，那些表面上是课程核心的特定教义内容变得越来越不重要。然而，如果我们希望通过将合同法置于交易的规制环境的更大背景中来开始教授的话，我们就必须迎接这一挑战。在下文中，我将简要讨论背景理念（contextual idea）的三种可能的理解或标准，从狭义的标准开始，逐渐拓宽。

狭义的（法律的）标准

我们可能会将交易的规制环境限制在合同法以及任何其他向交易者提供信号的法律体系中。例如，虽然合同法对欺诈和胁迫提供了一些监管控制，但可能会有人认为，主要的监管任务是由刑法承担的。可以公平地说，欺诈者不太可能因为担心其欺诈行为一旦被发现将会给他们的交易相对方提供寻求救济的法律理由而打消违法的念头。事实上，当亿贝网（eBay）希望通过法律来加强其声誉体系时，它所依赖的是刑事法律机构，而非合同法。类似地，共享经济中平台服务的规制环境所利用的法律资源也不限于合同法。

合同法努力**不**去规制的一件事是价格。象征性的租金固然被允许，但当价格超出正常水平时也没有问题（除非构成"显失公平"）。价格是由双方商定的。然而，当供应商非常了解它们的客户时，它们就有可能进行所谓的"动态定价"（dynamic pricing），对不同的客户执行不同的价格，甚至对同一客户随时更改价格。如果我们认为这是不公平的，属于滥用权力，那么该如何监管呢？合同法显然不适于这项任务，而根据阿里尔·扎拉奇（Ariel Ezrachi）和莫里斯·斯图克（Maurice Stucke）的观点，竞争法也不适合。[①] 如果上述观点是正确的，那么我们或许可以得出这样的结论：规制环境不符合目的，这一问题需要得到关注。无论如何，关键是，如果动态定价存在问题，我们需要运用所有（按照狭义标准）构成交易的规制环境的法律来解决这一问题。

较宽的（规范性）标准

如果我们准备超越实在法，不仅承认法律上的（de jure）而

[①] Ariel Ezrachi and Maurice Stucke, *Virtual Competition*, Cambridge, MA, Harvard University Press, 2016.（中译本参见〔英〕阿里尔·扎拉奇、〔美〕莫里斯·E. 斯图克：《算法的陷阱：超级平台、算法垄断与场景欺骗》，余潇译，中信出版社 2018 年版。——译者注）

且承认事实上的（de facto）交易的规制环境，那么我们就可以将合同法置于一个恰好包含麦考利和麦克尼尔在其著作中所认定的那种规范的信号环境中。从这个角度来看，我们发现，交易就像其他互动一样，发生在规范性的海洋之中，而法律规范只是其中的一个孤岛。在这里，麦考利和麦克尼尔的研究是更广的文献的一部分，这些文献提醒人们注意团体和共同体的自律性实践，它们代表了这些团体和共同体成员的"活的法律"（living law）。

官方的"自上而下"的法律与自律团体和共同体的非官方的"自下而上"的法律的并列存在引发了一系列有趣的问题。如果自上而下的法律在很大程度上可被看作为交易主体所提供的一种选择（就像合同法中的许多情形一样），那么，这种选择没有被交易主体所采用这一事实不太可能被视为有问题的。然而，如果自上而下的监管机构希望交易主体采用官方规则，比如说国家支持的支付模式或交易技术，那么商业界的部分抵制行为将导致规制环境出现一些混乱。此外，那些倡议采用新交易技术的人可能也会发现，纸面上看似存在的好处并不一定能够转化为实际的商业实践。

最宽的（规范性和非规范性）标准

目前已经提出的两种标准的共同点在于，它们都认为规制环境是由规范构成的。这些信号是规范性的，它们将告诉被监管者什么是被允许做的、什么是被要求做的以及什么是被禁止做的。对于那些想知道自己在交易的谈判或执行过程中应该做什么，或者在发生纠纷时可以合理预期什么的交易主体，规制环境给出了一些答案。然而，我们还可以以一种超越规范性的方式来设想交易的规制环境，将各方进行交易的技术基础设施或平台的特征均纳入规制环境的范畴。如果这样做，我们就允许规制环境的某些内容不再是规范性的,而法律规则、道德规范、行为准则、标准等都属于规范性的内容。

那么,在什么意义上,特定的技术特征所发出的信号可能是非规范性的?该特征所发出的信号是,在某个交易环境中的某个行为是否可能;这些向交易者发出的信号与他们应该做什么或不应该做什么无关,而是与他们能够做什么和不能做什么有关。例如,在英国的合同律师首次于 1971 年的桑顿诉鞋巷停车场有限公司案①中所争议的那种自动停车场中,停车场入口处的灯可能已经向驾驶员发出了是否允许他们进入的信号,但停车场的架构和入口处存在的障碍物都是关于客观上是否可能的非规范性信号。同样,在现代在线环境中,除非用户点击同意拟访问网站的条款和条件,否则在许多情况下都将无法访问这些网站。这项技术的设置可以规制用户事实上能够拥有的实际选择。这不仅仅是规范性地要求用户同意某些条款和条件的问题,该技术确保如果用户没有按要求选择"同意",根本就不可能继续进行下去。

回顾第 15 章中的讨论,这一最宽标准的一大优点在于,它有助于我们对法律与自由之间的关系进行更为复杂的分析,将作出某一行为 X 的规范性的可选择性和实际的可选择性均纳入考量。基于此,我们可以追问,根据某些给定的法律或规则,是否存在作出行为 X 的"规范性自由"(作出行为 X 是否被允许,被看作是可选择的);以及,是否存在作出行为 X 的"实际的自由",即无论规则如何规定,作出行为 X 都是一种现实的可能性,一种现实的选择。

如果在未来,我们可以预期交易的制定、履行和完成将日益

---

① *Thornton v Shoe Lane Parking Ltd*(1971):2 WLR 585.

自动化（使用一套支持"智能"合约的新兴技术），而如果这些技术的设计会限制各方可用的实际选项（实际的自由），甚至将人类从交易环路中移除，那么，监管工作就不是根据合同法的规则来进行，实际上将不是根据任何类型的规则进行。在这个未来的交易世界中，规制环境将截然不同，而我们可能希望以一种突出规范性自由和实际的自由之间关系的方式来教授学生合同法，这就需要明确地在这个越来越技术化的背景下讨论法律（比较第10章中的相关讨论）。①

我们应该像"融贯主义者"还是"规制工具主义者"那样思考？

无论我们如何回答前述三个关键问题中的第一个问题（事实上，即使我们拒绝将合同法置于更广的规制环境中进行思考），新技术的出现都会引发法律或监管机构应如何应对的问题。

1. 融贯主义作为默认选择

对形式融贯性的关注贯穿于合同法的大部分内容（尤其是在普通法和衡平法并列的情况下），也贯穿于对法律状况的关键评论中。举一个例子，在史丹纳邮轮公司诉商船评级养老金信托有限公司②一案中，雅顿法官（Arden LJ）在强调霍夫曼勋爵（Lord Hoffmann）在伯利兹电信案（Belize Telecom）③中的讲话对法律融贯性的贡献时，对默示条款（implied terms）的现代法

---

① 请与第10章的相关讨论进行比较。
② *Stena Line v Merchant Navy Ratings Pension Fund Trustees Limited* (2011)：EWCA Civ 543.
③ *Attorney General of Belize v Belize Telecom* (2009)：UKPC 10.

学理论的发展作出了重要讨论：

> 在伯利兹案件中，枢密院分析了关于条款含义的判例法，并认为，条款的含义实质上是对解释的运用。这一发展促进了法律的内在融贯性，因其不仅强调了解释原则（principles of interpretation）在对公文进行解释方面所普遍发挥的作用，而且强调了解释原则在确定条款含义方面所发挥的作用。这些解释原则是统一的因素。法律的内在融贯性的重要性在于，它使法院能够确定法律背后的目标和价值，并追求这些目标和价值，以实现法律结构的一致性。①

然而，在最近的三项最高法院判决中——玛莎百货公司诉法国巴黎银行服务信托（泽西岛）有限公司案（2015年）②（关于默示条款），阿诺德诉布里顿案（2015年）③和伍德诉Capita保险服务有限公司案（2017年）④（后两案均关于解释）——我们发现了反对对条款进行广泛理解和解释的观点，特别是在精心起草的商业合同中。这给融贯主义者留下了许多问题。对于一些论者来说，问题是如何使背景主义解释方法与非背景主义方法相一致；对其他人来说，问题是为什么背景主义方法（在它具有首要地位的领域内）应该局限于解释和含义——例如，为什么不以背景主义的方式来确定条款的合理性？

---

① *Stena Line v Merchant Navy Ratings Pension Fund Trustees Limited* (2011)：EWCA Civ 543，para 36.

② *Marks and Spencer plc v BNP Paribas Securities Services Trust Company (Jersey) Limited* (2015)：UKSC 72.

③ *Arnold v Britton* (2015)：UKSC 36.

④ *Wood v Capita Insurance Services Ltd* (2017)：UKSC 24.

相比之下，我们可以发现规制工具主义存在于许多立法干预的背后，例如明显致力于为更大的经济目的服务的1979年《仲裁法》（Arbitration Act 1979）。甚至在我们可能预计不会承担那么多促进经济发展或更大政策任务的法院中，我们也可以在对英国商业合同法的重视中发现隐含着的工具主义，该法作为国际贸易界的准据法，仍然具有竞争力。然而，合同律师典型的默认思维仍然是融贯性，即法律1.0。

2. 与新交易技术相关的区别的重要性

正如我们已经强调的，尽管融贯主义的核心是理论的内部一致性，但它有一个扩展的表现，即倾向于将现有法律框架适用于影响交易的新型技术创新，或试图将新形式的缔约方式纳入现有类别中。

对此，我们只需回顾一下欧里梅敦案［The Eurymedon (1975)］[1]的案情和威尔伯福斯勋爵（Lord Wilberforce）被广泛引用的由法庭通过巨大努力而创制的目录——面对现代交通形式、各种自动化技术和新的商业实践——其迫使"事实被格格不入地放入要约、承诺和对价的标记好的卡槽（slots）中"[2]，或任何可能适用的其他的合同法传统概念类型。

让我们再思考一下将在线购物网站在功能、环境和规范上均对应于线下购物环境的观点。所需要强调的难道不是二者的差异而是相似之处吗？特别是，正如雷恩·卡罗（Ryan Calo）强调的那样，在线环境中的购买者是被技术所"促成的消费者"（medi-

---

[1] *New Zealand Shipping Co Ltd v AM Satterthwaite and Co Ltd* (*The Eurymedon*) [1975] AC 154.

[2] Ibid., 167.

ated consumers），"通过他人设计的技术而进入市场"。[1]归因于这项技术，价格可以随时间而改、因客户而变；消费者所具有的特殊脆弱性也可以被识别和利用。尽管通过设计购物环境来影响购买决策这件事并不新鲜，但在在线环境中，这一艺术被发挥到了一个全新的技术成熟度。如果要对基于这些脆弱性所产生的任何不公平进行法律矫正的话，问题是下面哪一种方法更好？是采用融贯主义的思路对法律1.0的教义进行调整？抑或是，进行一种定制化的法律2.0的监管干预，以寻求在线消费市场中更可接受的利益平衡？

我们之前已经注意到，相比于任何挥之不去的融贯主义，欧盟委员会在推动单一市场以及现在的数字市场的过程中，采取了明显的规制工具主义方法。在这种方法的推动下，我们需要问的是，通过将新的技术事实强行塞入合同法中既有的教义卡槽，我们是否在提出正确的问题。让我们再次回顾"书世界"书店的保守做法。即使我们可以找到一个似乎合适的卡槽，或许我们更应该关注的是交易风险或问题的性质，从而更有目的地去思考如何解决它。然而，一旦我们开始以这种风险规制的方式来思考问题，并且新技术也为评估和管理风险提供了新工具，我们就朝着一种完全不同的监管交易的方法迈出了重要一步，即法律3.0的方法。

我们应该如何看待技术解决方案和交易的技术管理？

如果我们接受了对规制环境的最宽泛的理解，我们或许不仅

---

[1] Ryan Calo，'Digital Market Manipulation' 82 *The George Washington Law Review* 995，1002（2014）.

会注意到一些监管任务目前正由技术设计来承担,还要反思以这种方式将监管职责从规则（如合同法的规则）中转移出来是否可欲。在本章的这一部分,我将讨论:如何将技术主义的规制方法应用于交易,以及我们应如何看待这一点。

1. 技术管理将如何应用于交易?

某些论者认为,合同律师应该开始想象一个自动化交易的世界,在那里,商业可以说是通过机器进行的对话。无论是企业对企业（B2B）的合同还是企业对消费者（B2C）的合同,都是人类对人类（H2H）的商业模式,而我们的未来交易将是机器对机器（M2M）模式。根据这一愿景,迈克尔·盖尔（Michal Gal）和尼沃·埃尔金-科伦（Niva Elkin-Koren）预测了一个如下的世界：

> 你的自动化汽车可以独立决定在哪里购买燃油,何时自动开车去加油站,从哪个汽车修理厂订购备件,或者是否将自己出租给其他乘客,所有这些甚至都无须与你协商。[1]

在这样的一个世界上,人类已被排除在交易环路（transactional loop）之外,交由技术来作出本应由人类负责作出的决策。一种可能是,通过将机器视为代表人类进行交易的代理人,人类仍将被视为处于交易环路内的某个位置,这样的交易模式既不是人类对人类（H2H）也不是机器对机器（M2M）,而是代表人类的机器之间的交易［(H)M2(H)M］。尽管如此,很难确切地

---

[1] Michal Gal and Niva Elkin-Koren,'Algorithmic Contracts' 30 *Harvard Journal of Law and Technology* 309, 309-310（2017）.

弄明白一般法律，以及具体来说如合同法，将如何与这一未来接轨。

理查德·福特（Richard Ford）是最早设想这样一种未来的人之一，他预见到消费者将把他们的工资支票签字转让给所谓的"网络管家"（cyberbutlers），这些管家们将为每个消费者的利益而托管资金。然后，基于特定消费者的用户画像，网络管家会下适当的订单，这样消费者每天"一回到家中就可以享受为其精选的来自 webvan.com 的健康营养的食品，来自 boo.com 的保罗·史密斯衬衫，来自 cdnow.com 的化学兄弟摇滚乐队的光碟"①。如果福特所想象的不是工资支票和网络管家，而是虚拟货币、个人数字助理、物联网，以及没有在互联网泡沫危机中破产的供应商，那么，福特对未来的判断就远非科幻小说——事实上，在世界的某些地方，这是一个不久就要出现的未来。

一旦这些供应系统建立并运行起来，人类（无论是作为供应商还是作为消费者）基本上都会退出，而由技术管理接管这一领域。现在，技术不仅根据消费者的需求来管理商品和服务的订购与供应，还管理可能出现的任何风险或问题。例如，如果技术管理方案被设计为对消费者友好的话，则除非供应商已经按照订单的要求和规定的标准提供了货物或服务，否则其将无法将消费者的付款计入自己的账户。相反，如果该设计是对供应商友好的话，则技术将确保消费者在收到商品和服务之前已经实际支付过费用。正如我们在第 10 章中所指出的那样，这种安排在根源上，可能存在一种交易，非常类似于传统的合同（因此，传统合同法

---

① Richard T. Ford, 'Save the Robots: Cyber Profiling and Your So-Called Life' 52 *Stanford Law Review* 1576, 1578 (2000). （这里所提到的三家网站均为在 20 世纪初的互联网泡沫危机中破产的企业。——译者注）

可能适用于这种合同），它要求各方遵守某种技术管理的协议。又或者，可能有一些背景规则决定了此类系统的设计特征。在后一种情况下，存在关于交易技术特性的规则，但这些规则是针对设计者和制造商的，而不是针对交易者的。这是一个新的世界，但不久之后，学生们可能会发现自己是这个新世界中的消费者；如果是这样的话，学生们可能会合理地提问，合同法与这样一个世界存在多么准确的关联。

2. 我们应该如何看待技术管理？

假设数字产品系根据一个要求用户按照供应商的知识产权来行事的合同来提供的。现在，假设供应商不再依赖合同条款和条件来保护其知识产权，而是将其知识产权编码到产品之中——基于这样的编码，产品将不可能以不遵守相关权利所要求的方式使用。到目前为止，我们可能尚未对从合同到代码的转换产生过多担忧。然而，回顾我们在第10章中的评论，如果合同或代码给予供应商的保护比知识产权法所承认的更多，这将会是一个问题。尽管人们可能会对合同提出法律挑战，但对产品进行编码的问题可能更令人担忧，因为它可能并不透明，且会限制实际的自由。然而，在这两种情况下，我们都应该坚持供应商的行为应符合法治。

假设已经有了一条规则禁止某种行为（例如将超市手推车推离超市并丢弃），但由于该规则缺乏实效，监管机构于是求助于技术管理以消除该行为的可能性（使用全球定位系统重新设计手推车，从而一旦它们离开被允许的区域就会被固定住）。即使禁止该行为的规则被技术管理所取代并"退役"，该规则也不是完全多余的，因为它表达了监管机构的规范性观点（即，被监管者不应该作出某行为），这就提供了一种方法来测试技术管理的具体运用是否符合法治。很简单，如果与技术管理相联系的**规则**符合法治，那么（假设该技术措施与规则一致，且不考虑对技术管理的使用有额外要求的情况），技术管理的具体运用也符合法治。

假如尚没有一条禁止某行为的规则，但监管机构明确认为被监管者不应该作出该行为，那么当监管机构使用技术管理来使得该行为不可能被作出时，其运用技术管理的行为可以以类似的方式进行是否符合法治的测试。这里的连接在于技术管理的使用与监管者可能采取的禁止某行为的规则之间。如果这样的规则不符合法治，那么技术管理措施也将不符合。反过来，如果这样的规则符合法治，那么技术管理也将符合法治。

如果我们要求技术管理措施必须与符合法治的规则保持一致或保持在同一范围，那么许多担忧应该得到缓解。然而，回顾第 19 章的讨论，每个共同体还需要讨论是否应该对此类监管措施的使用提出额外要求，例如，透明度、可逆性（reversibility）、让人类重返环内（bringing humans back into the loop）、人为干预和监督等。此外，还有一个问题需要回答：即使技术管理没有任何弊端，允许缔约者以惯常的规范性方式进行自律管理是否具有一些好处？

尽管目前尚不清楚未来将会开发出哪些特定的用于交易的技术基础设施，以及技术管理将如何准确地渗透到对交易的监管当中，但已然很清楚的是，新兴技术具有双重颠覆性：第一，正如我们所说的，它们颠覆了现有的法律框架和概念，让我们充分意识到需要创制新的规则；第二，它们颠覆了监管框架完全是由规则构成的假设——技术支持或技术管理可能是规则的替代性方案。任何想要围绕合同法（同样也可以说是刑法或侵权法）的教学进行背景分析的人都需要意识到，技术已经并将继续产生这些颠覆性影响。

　　自始至终，2020年的法学教育都应将重点放在法律3.0，放在其三个相互重叠交叉的对话之中，放在其多中心的特征以及日益技术化的层面上。这不是我们之前所了解的法学教育，但法律3.0也不是我们之前所了解的法律。

第 26 章

进一步的问题

简而言之，本书作为法律3.0的导论，核心要点如下：

第一，关于法律3.0本身。法律3.0是一种特定类型的对话，一种与法律打交道的特定方式，但它同时也是一种关于法律探讨的范围的观点，也就是说，法律人会感兴趣的领域。作为一种特定类型的对话，法律3.0明显包含了技术主义的要素。与秉持规制工具主义的法律2.0相似，但与秉持融贯主义的法律1.0不同，法律3.0的对话询问法律规则是否符合目的，但它同时也持续地审视非规则的技术选项，这些选项可能是更有效地服务于监管目的的方案。作为一种关于法律兴趣领域的观点，法律3.0强调了三种对话的共存，并将用于监管目的的技术措施放在了法律探讨的瞩目位置。

第二，鉴于法律人具有默认采取法律1.0思路的倾向，有必要重新启动法律思维。法律1.0并不是法律人应参与的唯一对话，法律1.0也不应限定法律兴趣和探讨的范围。为了促进对法律的重新构想，我们建议应对规制环境采取一种广泛的理解（包括正式和非正式的规则，以及技术措施），并将其作为该兴趣领域内的组织宗旨。

第三，如果演进的方向是朝着更具工具性的思维方式发展，那么一个紧急事项是，我们需要重新理解对人类能动主体来说"真正重要的是什么"，并相应地重新认识监管责任的层次。与传统智慧相反，至少有一些人类价值是有切实基础的（这些基础既不是传统，也不是简单的承认或接受），而且这些价值可以进行排序。最重要的是，监管者负有保护和维持全球公共品的管护责任，也就是保护人类社会存在的基本先决条件。此外，它们还对自己的特定共同体负有责任，尊重（及作为特权来对待）特定共同体的构成性价值，并在相互竞争和冲突的利益之间取得可接受的平衡。

第四，重新理解监管责任的这些要素可以通过使用技术工具的三重许可要求的形式来实现。

第五，对监管行动的授权，无论是采用规则还是技术措施，无论是由公共监管机构还是私人监管机构来实施，都需要纳入法治。此外，人们所熟知的法治的程序要求需要与实质性规定联系起来，这些规定嵌入了对监管责任的重新理解和三重许可的要求。法律3.0对话的广度必须辅之以实质性的深度，从而使规制思维始终植根于人类社会存在的最深层的基础条件，并对其保持敏感。

第六，不同于法律1.0的形式融贯主义和法律2.0中隐含的工具主义的融贯主义，法律3.0要求一种复兴的实质性融贯主义，其将审查监管行动是否符合监管责任的层次和三重许可的内容。

第七，尽管不清楚法律3.0的对话将会在哪里发生，也不清楚如何将新的融贯主义转化为行动,但法律制度(国内的、区域的和国际的,特别是国际的)需要适合与法律3.0相关的目的。

第八,尽管法学教育工作者可能将"像法律人一样思考"等同于法律1.0的思维方式,尽管培养学生胜任法律1.0的对话可能仍然是重点所在,然而,今后法学教育必须在法律3.0的背景下开展。在2020年以后,任何忽视三种对话的共存关系以及技术对监管目的的重要性的法学教育都需要彻底改革。

毫无疑问,这些主张提出了许多问题。以下是一些可能被问及(或者已经被问及)的问题,以及简短的回应。

与生命3.0的关系

法律1.0、2.0和3.0与迈克斯·泰格马克(Max Tegmark)的生命1.0、2.0、3.0[①]之间的关系是什么?根据泰格马克的说法,我们可以设想生命的发展经历了三个阶段。生命1.0属于"生物"阶段,生命形式(如细菌)简单地进化;生命2.0则属于"文化"阶段,也就是我们人类所生活的阶段,生物仍在进化中发展,但人类能够学习新技能,开发新工具和技术;最后,在生命3.0这个"技术的"阶段,生物摆脱了进化的桎梏,用泰格马克的话来说,生命形式现在能够设计它们的硬件和软件。在这个发展故事中,人类经历了生命2.0,而法律1.0、2.0和3.0的三种对话都属于这一文化阶段。尽管如此,这两种叙述都强调了

[①] Max Tegmark, *Life 3.0*, London, Allen Lane, 2017.(中译本可参见〔美〕迈克斯·泰格马克:《生命3.0》,汪婕舒译,浙江教育出版社2018年版。——译者注)

技术发展日益重要的意义和人类发展的总体方向，无论是为了过上一种成为自己命运主人的生活，还是为了加强监管机构的有效控制。

关于法律1.0的一个问题

法律1.0的对话是关于法律原则的适用，还是仅仅关于"成文法"的适用？当法律1.0是唯一的对话时，它是关于普通法一般原则的适用，以及基于这些原则的法学理论所具体化的规则的适用；从这个意义上讲，法律1.0是关于法律的适用。然而，一旦法律2.0的对话形成，并与法律1.0共存，反映了法律2.0的监管思路的立法就开始在法院得到解释和适用。最初，法院的融贯主义文化要求对立法进行狭义的（和文义的）解释，将立法视为普通法的例外。然而，随着立法的数量和重要性不断增加，需要采取更具目的性的方法。在这一点上，将要适用的"法律"——既包括普通法的原则和规则，也包括服务于监管政策的立法规定——反映了对法律1.0和法律2.0这两种截然不同的思维模式均有影响的思路的交叉。

民主

"民主"是如何融入法律3.0的图景的？民主是进行法律3.0对话的共同体必要的还是偶然的特征？尽管民主有不止一种概念和不止一种表述，但我认为，民主的核心理念是监管机构对共同体负责，且共同体必须参与到监管对话中。因此，在某种意义上，共同体的成员必须参与到有关共同体的构成性价值和监管机构将要采取的政策的对话中。这意味着，根据我在第 19 章中对法治的讨论（以及第 20 章中关于共同体和社会许可的讨论），除非监管机构按照民主的要求运作，否则它们将无法履行其第二和第三层次的监管职责。民主是不是履行第一层次监管责任的必要条件，这一点尚不明确。然而，就公共品的哪一部分需要优先考虑所涉及的诸多艰难选择而言，民主辩论和问责制无疑是必要的。

改善公共品

监管机构的管护责任体现在保护和维持全球公共品方面。然而，它们是否也有责任去**改善**全球公共品的条件？如果某些条件可以在不减损其他条件的情况下得到改善，那么这似乎就是一个简单的问题：条件当然应该得到改善。但如果某些条件只有在其他条件有所减损的情况下才能得到改善，那么这将面临更多问题。也许可以参考前一个问题的思路，这是需要进行民主辩论的情况。

三重许可

三重许可是对新兴技术的回应，其被设计用来适用于技术措施的运用，但它是否也适用于规则的利用呢？简单来说，是的。

法律 3.0 的实际影响

法律 3.0 将如何影响实践中的法律工作？例如，理查德·萨斯坎德（Richard Susskind）在《法律人的明天会怎样》中强调，新技术（尤其是信息技术和人工智能）是法律变革的三个关键驱动因素之一（其他两个是"事多钱少"和传统法律行业准入的放宽）。[①] 这些驱动因素表明，对一些传统法律服务的需求将减少，因为客户将变得更善于满足自己的需求，并且某些服务的提供将更加自动化。这在很大程度上意味着，律师在处理那些法律 1.0 对话下的事务方面的参与程度会降低。然而，法律 3.0 所隐含的观点是，律师将在其他的法律对话中发挥更大作用，无论是在监管领域还是在法律 3.0 的对话中。正如萨斯坎德强调的那样，律师业的未来"还没有出现，在某种意义上说，还没有明确表达出来，只是在等待着展现"[②]。明天的法律执业将由今天的年轻法律人去从事。这一未来的一部分将会是对法律 1.0 采取更具技术性的方法，但也将会是参与到法律 2.0，尤其是法律 3.0 的对话之中。

法律 3.0 的"帝国主义"

法律 3.0 所带来的议程是"帝国主义的"吗？从某种意义上

[①] Richard Susskind, *Tomorrow's Lawyers*, 2nd edn, Oxford, Oxford University Press, 2017. （中译本可参见〔英〕理查德·萨斯坎德：《法律人的明天会怎样：法律职业的未来（第二版）》，何广越译，北京大学出版社 2019 年版。——译者注）

[②] Ibid., p.195.

说，是的。它确实坚持法律兴趣的领域应扩大到包括规则和技术措施。它确实坚持认为，法律人应该将受规则治理的领域和技术管理的领域都视为属于他们的兴趣领域，并且它确实坚持法律帝国超越了法律 1.0 的疆域。然而，从另一个意义上说，它又不是帝国主义的：在拓展了的兴趣领域中，它承认，将会有许多特别的关注点反映在继续进行着的法律 1.0 和 2.0 的对话中。尽管如此，法律 3.0 议程的一部分是将兴趣加强和聚焦于规制环境不断变化的特性，并回应关于被用于规制目的的技术之合法性的一系列问题。

第 27 章

结束语：回顾与展望

在这本书中，我描述了法律被新技术颠覆的两种方式。第一次颠覆导致法律 1.0 被法律 2.0 取代，第二次颠覆则导致法律 2.0 被法律 3.0 取代。然而，在这两种情况下，之前的对话和思维都不会完全消失。我们现在所处的混乱即法律 3.0——各种对话和思维共存的状态。

法律 3.0 就是我们目前所处的境况。然而，在某种程度上，这是一个古老的故事。从工业革命开始，随着法律规则的缺陷逐渐暴露出来，人们就注意到这些规则需要得到纠正——因为很明显，现行规则不适合监管目的。尽管如此，**规则不适合监管目的**的想法本身就是一种彻底颠覆的思维方式。然而，最重要的是，这个古老的故事现在又添加了一个新的颠覆性故事，其中有两个假设受到了挑战：第一，社会秩序是通过规则而实现的；第二，法治只涉及规则之治（rule by rules）。未来的监管可能更多的是智能机器之间的对话，而不是在参与者是人类能动主体的立法场所中进行辩论。

鉴于这种颠覆，我们应该怎么做？我的建议是，我们应该重塑我们的思维，将法律重新构想为更广泛的规制环境的一部分，

第 27 章
结束语：回顾与展望

这种环境不仅由基于规则的规范性信号组成，还包括非规范性的技术管理措施。因此，经由这样的重新构想，我们可以发展出一种法学理论，提高规则相对于技术措施被信任的程度，或者相反。

没有人能保证规则和技术措施能够和平地共存。然而，如果我们要重塑法律，首先需要建立一个有着坚实基础且层次分明的监管责任体系。该体系代表着监管合法性的基准，并表现为技术措施的三重许可，它可用于引导每个共同体清晰地表达法治；它可以通过一种新的、复兴的融贯性思维以及新的制度安排来予以推进。

理性地说，并不需要什么来说服人类去相信以下观点：我们的共同点是在根本上对关键基础设施的依赖；如果这种基础设施遭到破坏，任何类型的法律或监管活动，或任何类型的说服或交流活动，甚至任何类型的人类社会活动，都将前景黯淡。如果我们还有任何值得重视的东西的话，如果我们对任何事情还有积极的态度的话，就必须重视公共品。如果我们不能就这一点达成共识，如果我们不能同意法律的基本作用是确保权力的行使必须采取与保护所有其他基础设施的基础设施相兼容的方式，那么这个关于颠覆、重新构想和重塑的故事肯定不会有一个圆满的结果。

尽管如此，对法律 3.0 的圆满适应可能只是一个篇章的结尾，而不是整个故事的结束。技术发展和法律颠覆不会随着法律 3.0 而结束。展望未来，肯定还会有法律 4.0。

在《法律、技术与社会》[①] 一书中，我思考了人类遗传学进一步发展的可能性——一方面，它能使我们能够更精确地控制基

---

① Roger Brownsword, *Law, Technology and Society: Re-Imagining the Regulatory Environment*, Abingdon, Routledge, 2019.

因；另一方面，它能帮助我们理解特定的基因图谱如何解释我们成为我们自己并以我们自己的方式行事和反应。这可能会鼓励一种专注于内部编码控制的技术主义战略。如果是这样的话，与其说我们身处技术管理的环境中，不如说我们被技术通过基因编码所管理着。然而，我对此更具体的观点是，监管机构更好的选择可能是对生殖技术采取一种更具管理性的方法（more managed approach）。①

然而，生物技术可能并不是法律4.0的驱动力。法律4.0的驱动力或许是人工智能进一步发展到人类认为可以将整个法律和监管事业都托付给机器的程度。如果在监狱配备机器人狱警是可以接受的话，为什么不配备机器人警察呢？如果机器人警察是可以接受的话，为什么不可以有机器人法官呢？如果机器人法官是可以接受的话，为什么机器人监管者不能接受呢？当然，这些推进存在着巨大的功能性飞跃，但共同体可能已经准备好去作出这样的飞跃，因为在其他领域，尤其是健康领域，我们已经将生与死的决策和程序委托给了智能机器。在法律4.0中，我们可能会发现，莱克斯·马基纳公司（Lex Machina）② 将会统治一切。

然而，一个共同体是否会考虑对技术采取彻底反转的态度？在法律4.0中，我们是否会看到塞缪尔·巴特勒（Samuel Butler）

---

① 请与格利列的观点相比较：Henry T. Greely, *The End of Sex and the Future of Human Reproduction*, Cambridge, MA, Harvard University Press, 2016.

② Lex Machina 是一家位于美国硅谷的法律科技公司，专注于法律大数据分析与人工智能应用，其前身是斯坦福大学法学院与计算机系联合推出的公益项目，后被世界领先的法律和商业资讯服务商律商联讯（LexisNexis）收购。——译者注

在其小说《埃瑞洪》[①]中所描绘的场景——机器被摧毁？对于巴特勒的那些经历了从法律1.0到法律2.0的转变的维多利亚时代的读者们来说，埃瑞洪人——担心他们的机器可能会发展出某种"意识"、繁殖能力或能动性，并担心机器有一天会奴役人类——决定必须摧毁机器，这一定是不可思议的。巴特勒的读者们一定想知道，这些聪明、精通技术的人们怎么会作出如此倒退的行为呢？到底为何会这样？也许法律4.0，或随后的颠覆浪潮，将为这个谜团提供一些线索。

---

① 《埃瑞洪》（*Erewhon*）是英国作家和批评家塞缪尔·巴特勒（Samuel Butler，1835—1902）于1872年出版的讽刺小说。书名"Erewhon"是"nowhere"的倒写，意为"乌托邦"。该书中译本可参见：〔英〕塞·巴特勒：《埃里汪奇游记》，彭世勇、龚绍忍译，湖南人民出版社1985年版。——译者注

参考文献

Alarie, Benjamin (2016): 'The Path of the Law: Toward Legal Singularity' 66 *University of Toronto Law Journal* 443.
Arnold v Britton (2015): UKSC 36.
Asilomar Conference on Beneficial AI (2017), available at https://en.wikipedia.org/wiki/Asilomar_Conference_on_Beneficial_AI
Barlow, John Perry (1994): 'The Economy of Ideas: Selling Wine without Bottles on the Global Net,' available at www.wired.com/1994/03/economy-ideas/
Bayern, Shawn, Burri, Thomas, Grant, Thomas D., Häusermann, Daniel M., Möslein, Florian, and Williams, Richard (2017): 'Company Law and Autonomous Systems: A Blueprint for Lawyers, Entrepreneurs, and Regulators' 9 *Hastings Science and Technology Law Journal* 135.
Belize Telecom: Attorney General of Belize v Belize Telecom (2009): UKPC 10.
Bridle, James (2018): *New Dark Age: Technology and the End of the Future*, London, Verso.
Brincker, Maria (2017): 'Privacy in Public and Contextual Conditions of Agency,' in Tjerk Timan, Bryce Clayton Newell, and Bert-Jaap Koops (eds), *Privacy in Public Space*, Cheltenham, Edward Elgar, 64.
Brownsword, Roger (2003): 'Human Dignity as the Basis for Genomic Torts' 42 *Washburn Law Journal* 413.
Brownsword, Roger (2014): 'Human Dignity from a Legal Perspective,' in M. Duwell, J. Braarvig, R. Brownsword, and D. Mieth (eds), *Cambridge Handbook of Human Dignity*, Cambridge, Cambridge University Press, 1.
Brownsword, Roger (2017): 'Law, Liberty and Technology,' in Roger Brownsword, Eloise Scotford, and Karen Yeung (eds), *The Oxford Handbook of Law, Regulation and Technology*, Oxford, Oxford University Press, 41.
Brownsword, Roger (2019a): *Law, Technology and Society: Re-Imagining the Regulatory Environment*, Abingdon, Routledge.
Brownsword, Roger (2019b): 'Teaching the Law of Contract in a World of New Transactional Technologies,' in Warren Swain and David Campbell (eds), *Reimagining Contract Law Pedagogy: A New Agenda for Teaching (Legal Pedagogy)*, Abingdon, Routledge, 112.
Brownsword, Roger and Goodwin, Morag (2012): *Law and the Technologies of the Twenty-First Century*, Cambridge, Cambridge University Press.
Brownsword, Roger, Scotford, Eloise, and Yeung, Karen (eds) (2017): *The Oxford Handbook of Law, Regulation and Technology*, Oxford, Oxford University Press.

Brownsword, Roger and Yeung, Karen (eds) (2008): *Regulating Technologies*, Oxford, Hart.
Butler, Samuel (1872): *Erewhon*, Mineola, NY, Dover Thrift (2003).
Bygrave, Lee (2017): 'Hardwiring Privacy,' in Roger Brownsword, Eloise Scotford, and Karen Yeung (eds), *The Oxford Handbook of Law, Regulation and Technology*, Oxford, Oxford University Press, 754.
Calo, Ryan (2014): 'Digital Market Manipulation' 82 *The George Washington Law Review* 995.
Carmarthenshire County Council v Lewis (1955): AC 549.
Cavendish Square Holding BV v Talal El Makdessi (2015): UKSC 67.
Cohen, Julie E. (2019): *Between Truth and Power*, New York, Oxford University Press.
Crootof, Rebecca (2019): '"Cyborg Justice" and the Risk of Technological-Legal Lock-In' 119 *Columbia Law Review* 1.
DC Merwestone (2016): *Versloot Dredging BV and anr v HDI Gerling Industrie Versicherung AG and ors* [2016] UKSC 45.
Durovic, Mateja and Janssen, André (2019): 'Formation of Smart Contracts under Contract Law,' in Larry di Matteo, Michel Cannarsa, and Cristina Poncibò (eds), *The Cambridge Handbook of Smart Contracts, Blockchain Technology and Digital Platforms*, Cambridge, Cambridge University Press, 61.
Easterbrook, Frank H. (1996): 'Cyberspace and the Law of the Horse' *University of Chicago Legal Forum* 207.
Ellul, Jacques (1964): *The Technological Society*, New York, Vintage Books.
European Commission (2015): 'Digital Contracts for Europe: Unleashing the Potential of e-Commerce' COM (2015) 633 final, Brussels.
The Eurymedon (1975): *New Zealand Shipping Co Ltd v AM Satterthwaite and Co Ltd (The Eurymedon)* [1975] AC 154.
Ezrachi, Ariel and Stucke, Maurice (2016): *Virtual Competition*, Cambridge, MA, Harvard University Press.
Fairfield, Joshua (2014): 'Smart Contracts, Bitcoin Bots, and Consumer Protection' 71 *Washington and Lee Law Review Online* 36.
Finck, Michèle (2019): *Blockchain Regulation and Governance in Europe*, Cambridge, Cambridge University Press.
Foer, Franklin (2017): *World without Mind*, London, Jonathan Cape.
Ford, Richard T. (2000): 'Save the Robots: Cyber Profiling and Your So-Called Life' 52 *Stanford Law Review* 1576.
Fox, Dov (2019): *Birth Rights and Wrongs*, New York, Oxford University Press.
Fuller, Lon L. (1969): *The Morality of Law*, New Haven, CT, Yale University Press.
Gal, Michal and Elkin-Koren, Niva (2017): 'Algorithmic Contracts' 30 *Harvard Journal of Law and Technology* 309.
Gash, Tom (2016): *Criminal: The Truth about Why People Do Bad Things*, London, Allen Lane.
Gore, Al (2017): *The Assault on Reason*, updated edn, London, Bloomsbury.
Greely, Henry T. (2016): *The End of Sex and the Future of Human Reproduction*, Cambridge, MA, Harvard University Press.
Guihot, Michael (2019): 'Coherence in Technology Law' 11.2 *Law, Innovation and Technology* 311.
Gunningham, Neil and Grabosky, Peter (1998): *Smart Regulation*, Oxford, Clarendon Press.

Hartzog, Woodrow (2018): *Privacy's Blueprint*, Cambridge, MA, Harvard University Press.
Hawking, Stephen (2018): *Brief Answers to the Big Questions*, London, John Murray.
Heller, Nathan (2016): 'Cashing Out,' *The New Yorker*, October 10, available at www.newyorker.com/magazine/2016/10/10/imagining-a-cashless-world?verso=true
Hildebrandt, Mireille (2008): 'Legal and Technological Normativity: More (and Less) Than Twin Sisters' 12.3 *TECHNE* 169.
Holman v Johnson (1775): 1 Cowp 341.
Hormones (1998): Report of the Appellate Body WT/DS26/AB/R, WT/DS48/AB/R.
House of Lords Select Committee on Artificial Intelligence (2017): *AI in the UK: Ready, Willing and Able?* Report of Session 2017–19, HL Paper 100.
Jasanoff, Sheila (2016): *The Ethics of Invention*, New York, W.W. Norton.
Johnson, David R. and Post, David (1996): 'Law and Borders: The Rise of Law in Cyberspace' 48 *Stanford Law Review* 1367.
Karsales (Harrow) v Wallis (1956): 1 WLR 936.
Katell, Michael, Dechesne, Franciene, Koops, Bert-Jaap, and Meessen, Paulus (2019): 'Seeing the Whole Picture: Visualising Socio-Spatial Power through Augmented Reality' 11.2 *Law, Innovation and Technology* 279.
Kerr, Ian (2010): 'Digital Locks and the Automation of Virtue,' in Michael Geist (ed.), *From 'Radical Extremism' to 'Balanced Copyright': Canadian Copyright and the Digital Agenda*, Toronto, Irwin Law, 247.
Koops, Bert-Jaap (2018): 'Privacy Spaces' 121 *West Virginia Law Review* 611.
LawTech Delivery Panel (UK Jurisdiction Taskforce) (2019): 'Legal Statement on Cryptoassets and Smart Contracts,' available at https://technation.io/about-us/lawtech-panel
Lin, Albert C. (2018): 'Herding Cats: Governing Distributed Innovation' 96 *North Carolina Law Review* 945.
Liu, Hin-Yan (2018): 'The Power Structure of Artificial Intelligence,' 10 *Law, Innovation and Technology* 197.
Llewellyn, Karl N. (1940): 'The Normative, the Legal, and the Law-Jobs: The Problem of Juristic Method' 49 *Yale Law Journal* 1355.
Lucassen, Anneke, Montgomery, Jonathan, and Parker, Michael (2016): 'Ethics and the Social Contract for Genomics in the NHS,' *Annual Report of the Chief Medical Officer 2016: Generation Genome*, available at www.gov.uk/government/uploads/attachment_data/file/624628/CMO_annual_report_generation_genome.pdf
Lukes, Steven (2005): *Power: A Radical View*, 2nd edn, Basingstoke, Palgrave Macmillan.
Macaulay, Stewart (1963): 'Non-Contractual Relations in Business' 28 *American Sociological Review* 55.
Macneil, Ian R. (1980): *The New Social Contract*, New Haven, CT, Yale University Press.
Marchant, Gary E. and Sylvester, Douglas J. (2006): 'Transnational Models for Regulation of Nanotechnology' 34 *Journal of Law, Medicine and Ethics* 714.
Markou, Christopher and Deakin, Simon (2019): 'Ex Machina Lex: The Limits of Legal Computability,' available at https://papers.ssrn.com/sol3/papers.cfm?abstract_id=3407856
Marks, Amber, Bowling, Ben, and Keenan, Colman (2017): 'Automatic Justice? Technology, Crime, and Social Control,' in Roger Brownsword, Eloise Scotford, and Karen Yeung (eds), *The Oxford Handbook of Law, Regulation and Technology*, Oxford, Oxford University Press, 705.

Marks and Spencer plc v BNP Paribas Securities Services Trust Company (Jersey) Limited (2015): UKSC 72.

Mashaw, Jerry L. and Harfst, David L. (1990): *The Struggle for Auto Safety*, Cambridge, MA, Harvard University Press.

Morgan, Jonathan (2017): 'Torts and Technology,' in Roger Brownsword, Eloise Scotford, and Karen Yeung (eds), *The Oxford Handbook of Law, Regulation and Technology*, Oxford, Oxford University Press, 522.

Morozov, Evgeny (2013): *To Save Everything, Click Here*, London, Allen Lane.

O'Malley, Pat (2013): 'The Politics of Mass Preventive Justice,' in Andrew Ashworth, Lucia Zedner, and Patrick Tomlin (eds), *Prevention and the Limits of the Criminal Law*, Oxford, Oxford University Press, 273.

Packer, Herbert L. (1969): *The Limits of the Criminal Sanction*, Stanford, CA, Stanford University Press.

Parker v South Eastern Railway Co (1877): 2 CPD 416.

Pasquale, Frank (2015): *The Black Box Society*, Cambridge, MA, Harvard University Press.

Patel v Mirza (2016): UKSC 42.

Pearl, Tracy (2018): 'Compensation at the Crossroads: Autonomous Vehicles and Alternative Victim Compensation Schemes' 60 *William and Mary Law Review* 1827.

ProCD Inc v Zeidenberg 86 F 3d 1447 (7th Cir. 1996).

Reading Borough Council v Mudassar Ali (2019): EWHC 200 (Admin).

Reynolds, Jesse (2011): 'The Regulation of Climate Engineering' 3 *Law, Innovation and Technology* 113.

Rosenthal, Gert (2017): *Inside the United Nations*, Abingdon, Routledge.

Royal Society and British Academy (2016): *Connecting Debates on the Governance of Data and its Uses*, London, Royal Society and the British Academy.

Rubin, Edward L. (2017): 'From Coherence to Effectiveness,' in Rob van Gestel, Hans W. Micklitz, and Edward L. Rubin (eds), *Rethinking Legal Scholarship*, New York, Cambridge University Press, 310.

Ruxley Electronics and Construction Ltd v Forsyth (1996): AC 344.

S and Marper v The United Kingdom (2009): 48 EHRR 50.

Sayre, Francis (1933): 'Public Welfare Offences' 33 *Columbia Law Review* 55.

Shearing, Clifford and Stenning, Phillip (1985): 'From the Panopticon to Disney World: The Development of Discipline,' in Anthony N. Doob and Edward L. Greenspan (eds), *Perspectives in Criminal Law: Essays in Honour of John LL. J. Edwards*, Toronto, Canada Law Book, 335.

Simpson, Gerry (2004): *Great Powers and Outlaw States*, Cambridge, Cambridge University Press.

State of Wisconsin v Loomis (2016): 881 N.W. 2d 749.

Stena Line v Merchant Navy Ratings Pension Fund Trustees Limited (2011): EWCA Civ 543.

Sunstein, Cass R. (2005): *Laws of Fear*, Cambridge, Cambridge University Press.

Susskind, Richard (2017): *Tomorrow's Lawyers*, 2nd edn, Oxford, Oxford University Press.

Swire, Peter P. and Litan, Robert E. (1998): *None of Your Business*, Washington, D.C., Brookings Institution Press.

Syed, Matthew (2019): 'VAR is Football's Passion Killer: It's Time to Bin It' *The Times*, November 6, 64.

Tegmark, Max (2017): *Life 3.0*, London, Allen Lane.

Thornton v Shoe Lane Parking Ltd (1971): 2 WLR 585.

Tyler, Tom R. (2006): *Why People Obey the Law*, Princeton, NJ, Princeton University Press.
Vallor, Shannon (2016): *Technology and the Virtues*, New York, Oxford University Press.
Viney, Geneviè and Guégan-Lécuyer (2010): 'The Development of Traffic Liability in France,' in Miquel Martin-Casals (ed.), *The Development of Liability in Relation to Technological Change*, Cambridge, Cambridge University Press.
Vos, Geoffrey (2019): 'The Launch of the Legal Statement on the Status of Cryptoassets and Smart Contracts,' available at www.judiciary.uk/announcements/the-chancellor-of-the-high-court-sir-geoffrey-vos-launches-legal-statement-on-the-status-of-cryptoassets-and-smart-contracts/
Walker, Neil (2015): *Intimations of Global Law*, Cambridge, Cambridge University Press.
Wallach, Wendell (2015): *A Dangerous Master*, New York, Basic Books.
Weaver, John Frank (2014): *Robots are People Too*, Santa Barbara, CA, Praeger.
Wood v Capita Insurance Services Ltd (2017): UKSC 24.
Yeung, Karen (2019): 'Regulation by Blockchain: The Emerging Battle for Supremacy between the Code of Law and Code as Law' 82 *Modern Law Review* 207.
Zittrain, Jonathan (2008): *The Future of the Internet*, London, Penguin.
Zuboff, Shoshana (2019): *The Age of Surveillance Capitalism*, London, Profile Books.

进一步的阅读材料[1]

在本书的导论中，我强调本书所引用的文献只是冰山一角。目前在"法律、规制和技术"领域已经有了大量而生动的文献。这些文献并不局限于纯粹的学术著作和论文，也包括大量面向一般读者的普通读物，以及各种各样的网上评论和帖子。

如果我们跟踪这一文献自20世纪90年代以来的演变和发展，将会发现，最初的研究重点是生物技术（特别是来自遗传学文献）和信息与通信技术（ICT）（特别是围绕互联网）的发展。在这两个领域，都存在多种担忧——例如，转基因生物（GMOs）引发了对环境与人类健康和安全的担忧，基因工程学和人类克隆的可能性引起了人们对歧视、人权和人的尊严的担忧，而早期网络世界的构建则引发了人们对平等和数字鸿沟以及隐私和尊严的担忧。在这两个领域，同样存在（针对人类基因组和与受版权保护的材料相关的）所有权主张的适用性问题以及可专利性的基本问题。

尽管有关生物技术和信息与通信技术监管的争论仍在继续，但纳米技术和神经技术的发展（特别是功能性磁共振成像扫描的

---

[1] 本部分所列文献的中译本由译者查明和补充，直接在英文文献后面列出，不再在脚注中一一注明。——译者注

发展）引发了有关安全和隐私的新争论。这导致了文献数量的显著增长。重要的是，关于功能性磁共振成像，尽管一些人声称，这为探索人类大脑的功能打开了一扇新的窗户，为查明"真相"提供了新的机会（功能性磁共振成像被描述为一种新型测谎仪）；其他人则认为，神经科学家的研究结果对刑事司法系统追究罪犯行为责任的做法提出了严重的挑战。与此同时，人们开始对生物、纳米、神经和信息技术的各种要素的会聚（convergence）产生兴趣，并引发了对人类增强技术（human enhancement）的伦理和治理问题的激烈辩论。

随着增材制造（3D打印）和密码学（区块链）的进一步发展，以及人工智能和机器学习的重大进展，越来越多的新问题进入了规制辩论的范围——特别是关于人类被排除在法律环路（legal loop）之外的问题。此外，早期的技术并没有停滞不前，基因编辑等新技术重新点燃了早些时候关于安全、自主性、尊严等问题的讨论。

在很大程度上，这些辩论中的核心问题引发了法律1.0和法律2.0式的对话。然而，许多正在开发中的技术（如基因检测和各种监控技术）将焦点从将技术作为规制的目标转移到了将技术作为规制工具的潜在用途。人工智能和机器学习的最新发展进一步推动了这一焦点的转变，所有这些都预示着法律3.0对话的形成。

下面的指示性阅读材料是对前面已经给出的参考文献的补充。本书的参考文献中包括一些具有深远影响的著作，将不在这里重复列举。此处的阅读材料大体上根据具体领域的发展而组织安排。

生物技术的法律与规制

Beyleveld, Deryck and Brownsword, Roger (1993): *Mice, Morality, and Patents (The Oncomouse Application and Article 53 (a) of the European Patent Convention)* (with Foreword by Lord Scarman), London, Common Law Institute of Intellectual Property.

Beyleveld, Deryck and Brownsword, Roger (2001): *Human Dignity in Bioethics and Biolaw*, Oxford, Oxford University Press.

Brownsword, Roger (2004): 'Regulating Human Genetics: New Dilemmas for a New Millennium' 12 *Medical Law Review* 14.

Brownsword, Roger (2009): 'Human Dignity, Ethical Pluralism, and the Regulation of Modern Biotechnologies,' in Thérèse Murphy (ed.), *New Technologies and Human Rights*, Oxford, Oxford University Press, 19.

Brownsword, Roger (2016): 'New Genetic Tests, New Research Findings: Do Patients and Participants Have a Right to Know—and do They Have a Right Not to Know?' 8 *Law, Innovation and Technology* 247.

Brownsword, Roger, Cornish, William R., and Llewellyn, Margaret (eds) (1998): *Law and Human Genetics: Regulating a Revolution*, Oxford, Hart Publishing, in conjunction with the Modern Law Review.

Brownsword, Roger and Wale, Jeffrey (2018): 'Testing

Times Ahead: Non-Invasive Prenatal Testing and the Kind of Community That We Want to Be' 81 *Modern Law Review* 646.

Fukuyama, Francis (2002): *Our Posthuman Future*, London, Profile Books. (中译本：〔美〕弗朗西斯·福山：《我们的后人类未来：生物科技革命的后果》，黄立志译，广西师范大学出版社2017年版。)

Jasanoff, Sheila (2005): *Designs on Nature*, Princeton, NJ, Princeton University Press.

Krimsky, Sheldon and Simoncelli, Tania (2011): *Genetic Justice*, New York, Columbia University Press.

Laurie, Graeme (2002): *Genetic Privacy*, Cambridge, Cambridge University Press.

Lee, Maria (2008): *EU Regulation of GMOs: Law and Decision Making for a New Technology*, Cheltenham, Edward Elgar.

Lee, Maria (2009): 'Beyond Safety? The Broadening Scope of Risk Regulation' 62 *Current Legal Problems* 242.

Pascuzzi, Giovanni, Izzo, Umberto, and Macilotti Matteo (eds) (2013): *Comparative Issues in the Governance of Research Biobanks*, Heidelberg, Springer.

Plomer, Aurora and Torremans, Paul (eds) (2009): *Embryonic Stem Cell Patents: European Law and Ethics*, Oxford, Oxford University Press.

Somsen, Han (ed.) (2007): *The Regulatory Challenge of Biotechnology*, Cheltenham, Edward Elgar.

Widdows, Heather and Mullen, Caroline (eds) (2009): *The*

Governance of Genetic Information: Who Decides?, Cambridge, Cambridge University Press.

信息和通信技术（ICTs）的法律与规制

Boyle, James（1996）: *Shamans, Software and Spleens: Law and the Construction of the Information Society*, Cambridge, MA, Harvard University Press.

Edwards, Lilian（ed.）（2017）: *Law, Policy and the Internet*, Oxford, Hart.

Goldsmith, Jack and Wu, Tim（2006）: *Who Controls the Internet?*, Oxford, Oxford University Press.

Hildebrandt, Mireille and Gutwirth, Serge（eds）（2008）: *Profiling the European Citizen*, Dordrecht, Springer.

Kerr, Orin S.（2003）: 'The Problem of Perspective in Internet Law' 91 *Georgetown Law Journal* 357.

Koops, Bert-Jaap, Lips, Miriam, Prins, Corien, and Schellekens, Maurice（2006）: *Starting Points for ICT Regulation*, The Hague, T. M. C. Asser.

Mayer-Schönberger, Viktor and Cukier, Kenneth（2013）: *Big Data*, London, John Murray.（中译本：〔英〕维克托·迈尔·舍恩伯格、〔英〕肯尼思·库克耶：《大数据时代：生活、工作与思维的大变革》，周涛等译，浙江人民出版社2013年版。）

Murray, Andrew（2006）: *The Regulation of Cyberspace*, Abingdon, Routledge Cavendish.

Reed, Chris and Murray, Andrew（2018）: *Rethinking the Jurisprudence of Cyberspace*, Cheltenham, Edward Elgar.

Reidenberg, Joel R. (2005): 'Technology and Internet Jurisdiction' 153 *University of Pennsylvania Law Review* 1951.

纳米技术（nanotechnologies）的法律与规制

Allhoff, Fritz, Lin, Patrick and Moore, Daniel (2010): *What Is Nanotechnology and Why Does It Matter?*, Chichester, John Wiley.

Brownsword, Roger (2008): 'Regulating Nanomedicine: The Smallest of Our Concerns?' 2 *Nanoethics* 73.

Hodge, Graeme, Bowman, Diana M., and Maynard, Andrew D. (eds) (2010): *International Handbook on Regulating Nanotechnologies*, Cheltenham, Edward Elgar.

Lin, Albert C. (2007): 'Size Matters: Regulating Nanotechnology' 31 *Harvard Environmental Law Review* 349.

Mandel, Gregory (2008): 'Nanotechnology Governance' 59 *Alabama Law Review* 1323.

Van den Hoven, Jeroen (2007): 'Nanotechnology and Privacy: Instructive Case of RFID,' in Fritz Allhoff, Patrick Lin, James Moor, and John Weckert (eds), *Nanoethics*, Hoboken, NJ, Wiley, 253.

神经技术（neurotechnologies）的法律与规制

Edwards, Sarah J. L., Richmond, Sarah, and Rees, Geraint (eds) (2012): *I Know What You Are Thinking: Brain Imaging and Mental Privacy*, Oxford, Oxford University Press.

Greely, Henry T. (2009): 'Law and the Revolution in Neuroscience: An Early Look at the Field' 42 *Akron Law Review* 687.

Greene, Joshua and Cohen, Jonathan (2004): 'For the Law, Neuroscience Changes Nothing and Everything' 359 *Philosophical Transactions of the Royal Society B: Biological Sciences* 1775.

Illes, Judy (ed.) (2006): *Neuroethics*, Oxford, Oxford University Press.

Morse, Stephen A. (2011): 'Lost in Translation? An Essay on Law and Neuroscience,' in Michael Freeman (ed.), *Law and Neuroscience*, Oxford, Oxford University Press, 529.

Rosen, Jeffrey (2007): 'The Brain on the Stand' *New York Times*, March 11.

Snead, O. Carter (2007): 'Neuroimaging and the "Complexity" of Capital Punishment' 82 *New York University Law Review* 1265.

会聚技术 (Convergence)

Buchanan, Allen (2011): *Beyond Humanity?*, Oxford, Oxford University Press.

Garreau, Joel (2006): *Radical Evolution*, New York, Broadway Books.

Harris, John (2010): *Enhancing Evolution*, Princeton, NJ, Princeton University Press.

Sandel, Michael J. (2007): *The Case against Perfection*, Cambridge, MA, Harvard University Press. （中译本：〔美〕迈

克尔·桑德尔：《反对完美：科技与人性的正义之战》，黄慧慧译，中信出版社2013年版。）

增材制造（additive manufacturing）的法律与规制

Li, Phoebe, Faulkner, Alex, and Medcalf, Nicholas (2020): '3D Bioprinting in a 2D Regulatory Landscape: Gaps, Uncertainties, and Problems' 12 *Law, Innovation and Technology* 1.

Mendis, Dinusha, Lemley, Mark, and Rimmer, Matthew (eds) (2019): *3D Printing and Beyond: The Intellectual Property and Legal Implications Surrounding 3D Printing and Emerging Technology*, Cheltenham, Edward Elgar.

Osborn, Lucas S. (2014): 'Regulating Three-Dimensional Printing: The Converging World of Bits and Atoms' 51 *San Diego Law Review* 553.

Tran, Jasper L. (2015): 'To Bioprint or Not to Bioprint' 17 *North Carolina Journal of Law and Technology* 123.

区块链（金融科技和智能合约）的法律与规制

Brownsword, Roger (2019): 'Regulatory Fitness: Fintech, Funny Money, and Smart Contracts' 20 *European Business Organization Law Review* 5.

De Filippi, Primavera and Wright, Aaron (2018): *Blockchain and the Law*, Cambridge, MA, Harvard University Press.

di Matteo, Larry A., Cannarsa, Michel, and Poncibò, Cristina (eds) (2019): *The Cambridge Handbook of Smart Contracts, Blockchain Technology and Digital Platforms*, Cambridge, Cambridge University Press.

Hacker, Philipp, Lianos, Ioannis, Dimitropoulos, Georgios, and Eich, Stefan (eds) (2019): *Regulating Blockchain: Techno-Social and Legal Challenges*, Oxford, Oxford University Press.

人工智能和机器学习的法律与规制

Brownsword, Roger and Harel, Alon (2019): 'Law, Liberty and Technology: Criminal Justice in the Context of Smart Machines' 15 *International Journal of Law in Context* 107.

Hildebrandt, Mireille (2015): *Smart Technologies and the End (s) of Law*, Cheltenham, Edward Elgar.

O'Neil, Cathy (2016): *Weapons of Math Destruction*, New York, Penguin Random House.

Roth, Andrea (2016): 'Trial by Machine' 104 *Georgetown Law Journal* 1245.

Wischmeyer, Thomas and Rademacher, Timo (eds) (2020): *Regulating Artificial Intelligence*, Cham, Springer.

Yeung, Karen and Lodge, Martin (eds) (2019): *Algorithmic Regulation*, Oxford, Oxford University Press.（中译本：〔英〕凯伦·杨、〔英〕马丁·洛奇编：《驯服算法：数字歧视与算法规制》，林少伟、唐林垚译，上海人民出版社2020年版。）

技术作为规制工具

Brownsword, Roger (2005): 'Code, Control, and Choice: Why East Is East and West Is West' 25 *Legal Studies* 1.

Citron, Danielle Keats (2008): 'Technological Due Process'

85 *Washington University Law Review* 1249.

Larsen, Beatrice von Silva-Tarouca (2011): *Setting the Watch*: *Privacy and the Ethics of CCTV Surveillance*, Oxford, Hart.

Lessig, Lawrence (1999a): *Code and Other Laws of Cyberspace*, New York, Basic Books. (中译本：〔美〕劳伦斯·莱斯格：《代码：塑造网络空间的法律》，李旭译，中信出版社2004年版。)

Lessig, Lawrence (1999b): 'The Law of the Horse: What Cyberlaw Might Teach' 113 *Harvard Law Review* 501.

Lessig, Lawrence (2006): *Code 2.0*, New York, Basic Books. (中译本：〔美〕劳伦斯·莱斯格：《代码2.0：网络空间中的法律（修订版）》，李旭、沈伟伟译，清华大学出版社2018年版。)

Reidenberg, Joel R. (1997): 'Lex Informatica: The Formulation of Information Policy Rules Through Technology' 76 *Texas Law Review* 553.

Tien, Lee (2004): 'Architectural Regulation and the Evolution of Social Norms' 7 *Yale Journal of Law and Technology* 1.

Yeung, Karen (2011): 'Can We Employ Design-Based Regulation While Avoiding Brave New World?' 3 *Law, Innovation and Technology* 1.